어린이 궁궐 탐험대
재밌게 걷자! 덕수궁·경희궁

재밌게 걷자!
덕수궁·경희궁

이시우 글   서평화 그림

주니어 RHK

차 례

일러두기

· 박물관, 미술관, 학교, 병원 이름 등의 고유 명사는 모두 붙여쓰기로 표기했습니다.
· 이 책에서 소개하는 두 궁궐의 이름은 덕수궁, 경희궁으로 통일해 표기했습니다.
궁궐 이름에 얽힌 이야기는 '어린이 궁궐 탐험대 대원들에게'에서 소개했습니다.

어린이 궁궐 탐험대 대원들에게

덕수궁과 경희궁은 여러 면에서 비교하며 탐험할 수 있는 궁궐입니다.

우선 덕수궁은 서울 광장과 붙어 있어 늘 사람들로 붐빕니다. 궁궐 주변에서는 1년 내내 각종 행사가 열리죠. 반면 경희궁은 서울역사박물관 뒤에 숨은 듯 자리 잡고 있어 덕수궁에 비해 상대적으로 조용한 분위기랍니다.

두 궁궐의 닮은 점은 모두 일제 강점기를 거치며 면적이 많이 줄었다는 거예요. 특히 경희궁은 조선 후기에 경복궁을 복원하는 데 사용할 자재가 필요하다는 이유로 건물들이 뜯겨 나가기도 했어요. 이런 이유 때문일까요. 저는 덕수궁과 경희궁에 갈 때마다 안쓰러운 마음이 듭니다.

덕수궁의 원래 이름은 '정릉동 행궁'이었습니다. 임진왜란이 일어나자 선조가 한양을 버리고 피란을 갔는데요. 다시 돌아왔을 땐 경복궁과 창덕궁, 창경궁 등이 불에 타고 크게 훼손된 상태였어요. 선조는 어쩔 수 없이 왕실 친척인 월산 대군이 살던 저택을

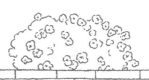

임시 궁궐로 사용했죠. 이때만 해도 이곳을 '정릉동 행궁'이라고 불렀어요. 선조 다음으로 즉위한 광해군이 이름을 '경운궁'이라고 높여 불렀습니다.

1895년 명성 황후가 일본인에게 살해당한 뒤 고종은 경복궁을 빠져나와 러시아 공사관으로 거처를 옮겼어요. 그리고 그 이듬해에 경운궁으로 들어오면서 여러 건물을 새로 짓고 대한 제국을 선포했죠. 하지만 일본의 강압으로 쫓겨나듯 황제에서 물러나고 아들 순종이 그 자리를 이어받았습니다. 고종과 순종이 한 공간에 있는 것이 탐탁지 않았던 일제는 순종을 창덕궁으로 옮겨 가게 했는데요. 이때 순종이 아버지를 위해 경운궁의 이름을 '덕수궁'으로 바꿨어요. '덕이 높고 장수하라'는 바람을 담은 이름이죠.

경희궁도 이름이 바뀌었습니다. 지금의 경희궁 자리에는 원래 인조의 아버지이자 광해군의 이복동생, 정원군이 살던 집이 있었는데요. 이곳에 왕의 기운이 서려 있다는 소문을 들은 광해군은 그 기운을 누르기 위해 정원군의 집터에 새 궁궐을 지었습니다.

공사가 시작될 때는 '서별궁'이라고 불리다 곧 '경덕궁'이라는 정식 이름이 붙었죠. 인조는 아버지 정원군을 원종으로 높여 모셨어요. 시간이 흘러 영조가 경덕궁의 이름을 '경희궁'으로 바꾸었는데요. 원종의 묘호인 '원종경덕인헌정목장효대왕'의 '경덕'이 궁궐 이름과 발음이 같다는 이유 때문이었습니다. ('묘호'는 임금이 죽은 뒤 살아 있을 때 남긴 공덕을 기리며 붙인 이름을 말해요.)

"오래 보면 많이 보인다." 지금까지 궁궐을 수도 없이 답사하면서 깨달은 사실입니다. 궁궐의 어느 공간이든 한참 머물며 지켜보면, 스쳐 지날 때는 보지 못했던 것을 발견하곤 했는데요. 그때 느낀 잠깐의 놀라움과 감동이 저를 다시 궁궐로 이끈 힘이었어요. 여러분도 궁궐의 어느 곳이든 오래 보다 보면 더 많은 것이 새롭게 보일 거라 확신합니다.

경복궁과 창덕궁, 창경궁을 거쳐 덕수궁과 경희궁을 탐험하는 사이 '어린이 궁궐 탐험대' 시리즈가 완성됐습니다. 지금까지 긴 탐험을 함께한 든든한 동료들에게 고마움을 전하고 싶어요.

서평화 작가님의 그림 덕분에 정말 사랑스럽고 예쁜 책이 세상에 나왔습니다. 책을 쓰기 위해 궁궐을 둘러볼 때마다 작가님의 그림 속 고양이가 저와 함께 걷고 있는 것만 같았어요. 이 탐험의 출발점과 도착점에 김하나 편집자님이 늘 굳세고 든든한 모습으로 서 계셨습니다. 어느 해 늦가을, 저와 함께 궁궐 산책을 마치고 이 시리즈를 제안해 주셨는데요. 어린이 궁궐 탐험대가 시작되는 순간이었죠. 마지막으로 저와 함께 재밌게 궁궐을 걸어 준 탐험대원들에게도 고마운 마음을 전합니다. 언제든 궁궐에서 어린이 탐험대원을 만나기를 바랍니다. 늘 그랬듯이 제가 먼저 가 여러분을 기다리고 있을게요.

　자, 이제 우리는 덕수궁과 경희궁으로 탐험에 나서겠습니다. 함께 재밌게 걸어요!

 **어린이 궁궐 탐험대** 대장 이시우

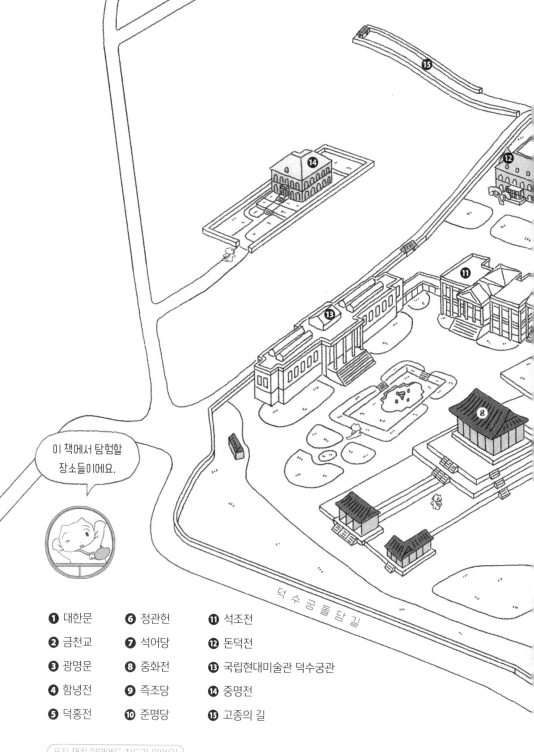

이 책에서 탐험할
장소들이에요.

❶ 대한문　　❻ 정관헌　　⓫ 석조전
❷ 금천교　　❼ 석어당　　⓬ 돈덕전
❸ 광명문　　❽ 중화전　　⓭ 국립현대미술관 덕수궁관
❹ 함녕전　　❾ 즉조당　　⓮ 중명전
❺ 덕홍전　　❿ 준명당　　⓯ 고종의 길

표지 재킷 뒷면에도 지도가 있어요!

덕수궁 탐험 지도

'덕수궁'은 전통 한옥과 서양식 건물이 함께 남아 있어 독특한 분위기가
흐르는 궁궐입니다. 임진왜란 이후 '정릉동 행궁'이라는 이름의 임시 궁궐로 시작해
'경운궁'으로 이름이 바뀌는가 하면 큰 화재, 조선의 끝과 대한 제국의 시작,
일제 강점기와 해방, 한국 전쟁에 이르기까지 굵직한 사건들이 덕수궁에서
끊임없이 소용돌이쳤는데요. 그 역사의 현장 속으로 함께 들어가 볼까요?

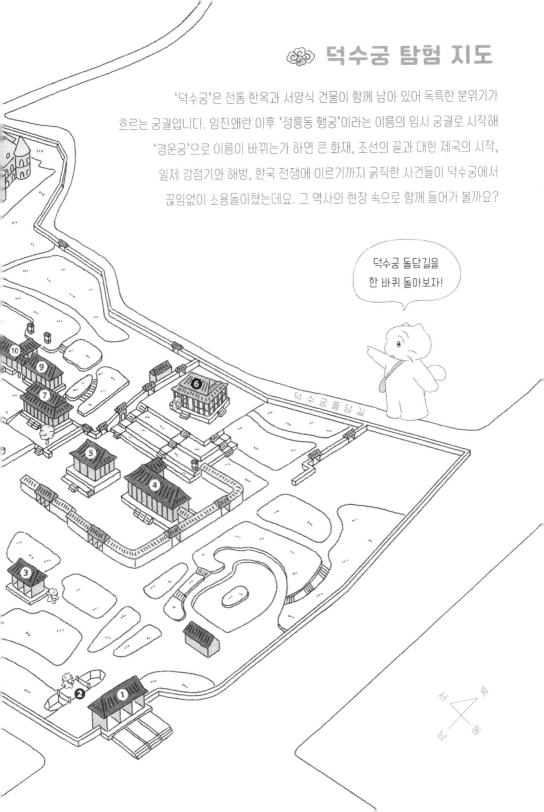

덕수궁 돌담길을
한 바퀴 돌아보자!

대한문

덕수궁의 정문이 된 동쪽 문

대안문에서 대한문으로

1904년 덕수궁에 큰불이 났습니다. 이 화재로 덕수궁의 주요 건물들이 완전히 사라지고 말았어요. 안전을 위해 다른 곳으로 거처를 옮겨야 한다는 신하들의 걱정을 뒤로하고 고종은 곧바로 덕수궁을 복원하기로 했죠. 그리고 1905년 말에 거의 모든 공사를 마쳤습니다.

1906년에는 덕수궁의 동문인 '대안문'을 고치고 정문으로 삼았는데요. 이때 하늘을 뜻하는 '한' 자를 넣어 이름을 대한문으로 바꿨어요. 대한은 '한양이 창대해진다'는 뜻으로, 대한 제국이 영원히 창대하길 바라는 마음을 이름에 담은 거예요. 대한문은 유일하게 이름을 바꾼, 궁궐의 정문이랍니다.

정문이 된 대한문

원래 덕수궁의 정문은 궁궐의 남문인 '인화문'이었어요. 다른 궁궐의 정문(경복궁 광화문, 창덕궁 돈화문, 창경궁 홍화문, 경희궁 흥화문)처럼 이름 중간에 어김없이 '화' 자가 들어 있군요. 그런데 인화문 앞으로는 언덕이 있어 넓은 길을 내기가 어려웠어요. 사람들이 다니기도 불편했고요. 그래서인지 어느 순간 사라졌죠.

반면 동문이었던 대안문 앞에는 사람들이 지나다니기 편한 큰길이 있어 자연스럽게 이 문이 덕수궁의 정문 역할을 하게 되었답니다. 대한문이라는 새 이름을 달고요.

궁궐의 역사가 겹겹이 쌓인 역사 현장

　다섯 궁궐의 정문 가운데 막내뻘인 대한문. 역사는 짧지만, 대한문이 지나온 시간이 평온했다고는 할 수 없어요. 서울의 한가운데 자리하고 있어 대한 제국 시기부터 일제 강점기, 현대에 이르기까지 계속해서 중요한 장소로 우리 역사에 자주 등장했거든요.

특히 대한문 앞 광장은 대한 제국 통치의 중심 공간이었는데요. 덕수궁에서 세상을 떠난 고종의 장례 행렬이 나간 문이 바로 대한문이에요. 이때 몰려든 사람들로 대한문 앞 광장이 꽉 찼다고 하죠.

제자리를 잃은 채 뒤로 밀리고 밀려난 대한문

원래 대한문은 현재 위치보다 훨씬 앞쪽, 지금의 서울 광장까지 나와 있었어요. 그런데 1914년 일제가 대한문 앞에 '태평로'라고 이름 붙인 도로를 낸 거예요. 지금의 숭례문 앞에서 경복궁 광화문 앞을 잇는 긴 도로였죠.

도로 공사를 하면서 대한문은 동쪽 담장과 함께 뒤로 물러나야 했어요. 1968년 도로를 넓히는 공사가 시작되면서 또 한 번 뒤로 밀려나는 처지가 됐는데요. 어떠한 이유인지 이때 대한문만 도로 한가운데 덩그러니 남겨졌어요. 담장보다 한참 튀어나온 채로요.

결국 1970년 차도 위에 섬처럼 남아 있던 대한문을 담장 쪽으로 밀기로 결정했어요. 이곳이 바로 지금의 자리랍니다. 놀라운 것은 문을 해체했다가 다시 조립하는 방식이 아니라, 대한문의 기둥을 줄로 단단히 묶어 밀고 당기며 옮겼다는 사실이에요. 이 모습을 지켜보던 이들이 "대한문이 걸어간다!"라며 무척 신기해했다고 하죠.

한때는 대한 제국 황궁(황제의 궁궐)의 정문으로 당당히 서 있었던 대한문. 이런 복잡하고 안타까운 과정을 거쳐 결국 지금은 덕수궁 안쪽으로 쑥 들어간 자리에 서 있습니다. 대개 궁궐 정문에 있던 월대도 어느새 사라졌고요.

다행히 발굴 조사와 공사를 거쳐 지난 2023년 대한문 앞 월대가 되살아났습니다. 월대가 사라진 뒤 한참 동안 대한문 바로 앞에 어색하게 놓여 있던 서수 두 개도 원래 자리인 월대 앞 계단 양쪽에 자리를 잡게 되었답니다.

탐험미션

대한문이 앞쪽 찻길 한가운데 세워져 있었을 때의 모습을 상상해 보세요. 대한문의 모습과 주변 풍경은 어땠을까요?

금천교

지나치기 쉬운 궁궐 다리

안쓰러운 모습으로 남아 있는 돌다리

대한문 앞 도로는 늘 자동차와 사람으로 붐빕니다. 그러다 대한문을 통과하면 언제 그랬냐는 듯 소음이 사라지고 고요한 궁궐 품에 안기는 느낌을 받죠.

문 안쪽으로 들어서면 바로 금천교가 나오는데요. 궁궐 정문과 금천교가 원래부터 이렇게 가까웠을 리는 없겠죠. 앞서 설명한 것처럼, 도로를 만들고 넓히느라 대한문을 자꾸 뒤로 옮기다 보니 금천교와 맞닿을 만큼 거리가 가까워진 거예요. 그래서 눈여겨보지 않으면 돌다리가 있는지도 모른 채 지나칠 수 있어요.

경복궁과 창덕궁처럼 덕수궁도 금천교 아래 물길이 모두 마른 상태인데요. 경복궁 영제교와 창덕궁 금천교 아래쪽에는 그나마 번듯한 물길이라도 남아 있지만, 덕수궁 금천교는 그렇지도 않습니다. 끝도 없이 이어져야 할 물길 양쪽이 싹둑 잘려 있죠. 궁궐에 있는 금천교 가운데 가장 안쓰러운 모습입니다. 우리는 그냥 지나치지 말고 금천교 구석구석을 관심 있게 살펴보기로 해요.

모두 말에서 내려라!

금천교를 건너기 전 오른쪽 난간으로 눈을 돌리면 비석이 하나 보입니다. '대소인원개하마(大小人員皆下馬)'라는 글귀가 새겨져 있는데요. '신분이 높든 낮든 이 비석을 지나기 전에 말에서 내려야 한다'는 뜻이에요. 이런 비석을 '하마비'라고 합니다.

하마비는 보통 궁궐 정문의 앞쪽에 설치했어요. 조선 시대에는 궁궐에 들어가기 전 말에서 내려 걸어가는 것이 궁

정문으로 들어오면 금천교와 하마비가 바로 보이는구나!

궐의 주인인 임금에게 예의를 갖추는 거라고 여겼기 때문이에요. 그런데 이렇게 궁궐 안쪽에 있는 금천교 옆에 하마비가 놓여 있다는 건 사람들이 말을 탄 채로 대한문을 통과해 궁궐에 들어왔다는 얘기잖아요. 어딘가 앞뒤가 맞지 않는군요.

사실 이 하마비의 자리는 여기가 아닌, 대한문 밖 조금 떨어진 곳이었을 거예요. 대한문이 옮겨지는 바람에 제자리를 잃고 지금처럼 금천교 옆에 놓인 거죠.

탐험미션

대한문의 원래 자리를 상상하면서 대한문 앞 도로와 시청 앞 서울 광장 쪽을 두루 살펴보세요. 하마비의 원래 자리는 어디쯤이었을까요?

광 명 문

담장을 잃어버린 함녕전의 정문

미술관의 야외 전시장이 된 정문

금천교를 지나면 곧이어 산책로가 나옵니다. 깊은 숲길은 아니지만 잠깐이라도 나무 풍경을 보며 걸을 수 있죠. 지금은 관람객이 지나다니는 한적한 길이지만, 대한 제국 시기에는 덕수궁에서 가장 중요한 이동 경로였을 거예요.

이 길 오른쪽으로 문이 하나 보입니다. 함녕전의 정문, 광명문인데요. 광명문도 대한문처럼 한때 생뚱맞은 곳으로 옮겨진 적이 있어요. 하지만 우여곡절 끝에 제자리로 돌아왔답니다. 어떤 일이 있었던 걸까요?

일제는 창경궁에 동물원과 식물원을 만들며 궁궐의 격을 떨어뜨렸어요. 이때 창경궁 안에 '이왕가박물관'도 함께 들어섰는데요. 1938년 이 박물관이 덕수궁 석조전 옆에 새롭게 문을 연 '이왕가미술관'과 하나로 합쳐졌습니다. 그런데 박물관의 전시품들을 옮겨 오다 보니 덕수궁에 야외 전시장이 필요해진 거예요.

마침 일본인들 눈에 1904년 화재 때 용케 불길을 피해 살아남은 광명문이 들어왔나 봅니다. 광명문을 지금의 석조전 분수대 남쪽으로 옮긴 뒤 지붕 아래 '흥천사명 동종'과 '창경궁 자격루(물시계)', '신기전 화차 모형' 등을 가져다 전시하기 시작했죠.

담장을 잃은 채 혼자서 덩그러니

광명문은 2019년에야 비로소 제자리로 돌아왔어요. 광명문이 야외 전시장으로 놓여 있었던 곳에서 원래 자리까지는 거리가 200미터도 채 안 됩니다. 이 짧은 거리를 이동해

원래는 문 양옆으로 이렇게 행각이 연결돼 있었단 말이지?

광명문이 돌아오기까지 80년이 넘게 걸린 셈이에요.

그렇다고 광명문 복원이 다 끝난 건 아닙니다. 양옆으로 행각이 연결돼 있어야 하는데, 지금은 문만 덩그러니 서 있거든요. 문의 가장 중요한 역할은 담장으로 둘러싸인 안쪽 영역을 아무나 함부로 드나들 수 없게 하는 거잖아요. 지금처럼 광명문만 홀로 서 있어서는 문의 역할을 제대로 할 수 없을 거예요. 양쪽으로 행각이 복원된 온전한 모습의 광명문을 기다려 봅니다.

탐험미션

여러분이 조선의 건축가라고 상상해 보세요. 어디에서부터 어느 방향을 따라 광명문 행각을 세우면 좋을까요?

함 녕 전

고종이 마지막으로 머문 침전

황제가 편히 쉴 수 있도록

함녕전은 고종이 덕수궁으로 들어오면서 침전(임금이 잠을 자거나 쉬는 침실 건물)으로 쓰기 위해 새로 지은 건물이에요. 함녕전에는 몇 가지 특징이 있답니다.

하나는 임금이 편하게 이동할 수 있도록 건물과 건물을 복도각으로 연결했다는 점이에요. 창덕궁에서 함께 봤던, 희정당에서 대조전을 연결한 복도각처럼 말이죠. 지금 함녕전에서는 동쪽으로 이어진 복도각만 볼 수 있어요. 서쪽에는 흔적만 남아 있습니다.

또 다른 특징은 겨울에도 실내를 따뜻하게 유지하기 위해 온돌을 설치했다는 거예요. 함녕전 양쪽 옆면으로 가면 불을 지피던 아궁이를 볼 수 있어요.

함녕전 온돌에서 비롯된 대화재 사건

앞서 대한문과 광명문을 탐험하며 1904년 덕수궁에서 큰 불이 났다고 얘기했는데요. 이 화재가 시작된 곳이 바로 함녕전이에요. 온돌 수리 공사를 마치고 아궁이에서 불을 피우다 그만 화재가 일어나고 말았어요. 운이 나쁘게도 때마침 불어온 바람을 타고 순식간에 불이 궁궐 전체로 번졌고요. 이때 덕수궁 중심에 있던 중화전을 비롯해 함녕전과 즉조당, 석어당 등이 불에 타 사라졌답니다.

《고종실록》에는 함녕전에서 생활하던 고종이 "바람이 사납게 불어 일시에 불길이 번져 이 지경이 되었다."라며 안타까워했다고 기록돼 있어요. 그리고 바로 다음 날 "궁궐을 다시 세우는 일을 조금도 늦출 수 없으니 며칠 안으로 공사를 시작하라."라고 명령을 내렸고요. 그로부터 4개월 뒤 새 함녕전이 완공됐습니다.

고종이 세상을 떠난 곳

안타깝게도 고종은 함녕전에서 머무는 내내 마음 편히 지낼 수 없었어요. 주변 강대국들의 위협에 맞서 대한 제국을 선포했지만, 상황은 하루가 다르게 나빠졌죠. 고종은 황제 자리에서 쫓겨나는 굴욕을 겪은 것도 모자라 나라가 일제의 식민지가 되는 모습을 힘없이 지켜봐야만 했습니다.

덕수궁에서 말년을 보내던 고종이 세상을 떠난 장소가 이곳 함녕전이에요. 갑작스러운 고종의 승하(임금의 죽음을 높여 이르는 말) 소식을 듣고 대한문 앞에 수많은 백성이 모였다고 이야기했는데요. 이때 고종의 장례 행렬이 함녕전에서 출발해 광명문을 거쳐 대한문 앞으로 나갔어요. 즉 우리는 고종의 장례 행렬이 이동한 길을 반대로 걸어 함녕전에 도착한 거죠.

황제가 생활한 흔적들

이제 함녕전 실내를 함께 살펴볼게요.

황제가 머물던 공간답게 매우 화려하군요. 천장의 '우물 정(井)' 자 모양에는 수많은 봉황 그림이 새겨져 있습니다. 대한 제국의 상징인 오얏(자두)꽃 문양이 들어간 샹들리에도 걸려 있고요. 대청마루 가운데에는 해와 달, 다섯 개의 봉우리를 표현한 〈일월오봉도〉가 그려진 병풍이 세워져 있죠. 병풍 바로 앞에는 황제국의 상징인 금빛 용을 새긴 어좌(임금이 앉는 의자)가 놓여 있어요.

함녕전 현판 아래 기둥 사이에는 대나무 살을 엮어 만든 붉은색 '주렴'이 걸려 있어요. 대낮에 마루 안쪽까지 깊게 비치는 햇빛을 가리는 용도예요. 양쪽 방의 창문과 방문에는 한겨울 추위를 막아 줄 '무렴자'라는 커튼이 달려 있죠.

지금 함녕전에 걸려 있는 주렴과 무렴자는 문화재 전문가들이 《조선왕조실록》과 옛 문헌을 참고해 실물과 똑같이 만든 작품입니다. 함녕전 내부는 특별 관람 시기에만 공개되는데요. 기회가 된다면 내부를 탐험하며 황제가 생활한 흔적을 찾아보세요.

탐험미션

함녕전을 한 바퀴 돌아보며 1904년 덕수궁에 일어난 화재가 시작된 아궁이를 찾아보세요.

덕홍전

금빛 오얏꽃과 봉황으로 장식한 황제의 집무실

황제가 일하던 공간

함녕전 옆으로 건물 한 채가 더 있습니다. 덕수궁의 편전인 덕홍전이에요. 고종이 신하나 외국 사신을 만나고 일을 처리하던 집무실입니다. 지금은 함녕전과 같은 공간에 있지만, 처음 지었을 때만 해도 두 건물은 담장으로 나뉘어 있었어요. 편전과 침전을 구분하기 위해서였죠.

덕홍전을 짓기 전 이 자리에는 '경소전'이라는 건물이 있었습니다. 세상을 떠난 명성 황후의 시신을 모시는 빈전으로 사용한 곳인데요. 명성 황후의 국장을 다 치른 뒤에는 이름을 '경효전'으로 바꾸고 신주(죽은 사람의 이름을 적은 나무패)를 보관하는 혼전으로 사용했어요. 그런데 1904년 일어난 화재로 건물이 불에 타 사라지고 말았죠. 1912년 다시 지은 뒤 '덕이 넓고 크다'는 뜻을 담아 덕홍전이라고 이름 붙였답니다.

합각에 새긴 멋진 문양

한옥에서 기둥과 기둥 사이 공간을 세는 단위를 '칸'이라고 합니다. 함녕전은 정면 아홉 칸, 옆면 네 칸짜리 건물로, 앞에서 보면 좌우로 길게 이어져 있어요. 반면 덕홍전은 정면 세 칸, 옆면 네 칸으로 지어져 건물의 앞면보다 옆면이 더 넓습니다. 이렇게 만들다 보니 지붕 양옆에 'ㅅ'모양을 이루는 합각 부분이 상당히 커졌어요. 넓은 합각에는 멋진 문양을 넣었죠.

덕홍전 지붕의 합각이 가장 잘 보이는 곳이 석어당 마당인데요. 한 단쯤 높이 올라간 석어당 마당에 서면 살구나무 사이로 덕홍전 합각의 아름다운 문양이 눈앞에 생생하게 펼쳐진답니다. 석어당을 탐험할 때 함께 확인해 봐요.

금빛으로 장식한 황제의 공간

덕홍전 실내도 함녕전 못지않게 화려합니다. 이곳 천장에서도 봉황 그림과 샹들리에를 볼 수 있죠. 각 문틀의 위쪽 가운데는 금빛 오얏꽃 문양으로, 양쪽 모서리는 금빛 봉황으로 꾸며져 있고요. 실내의 네 면이 모두 이런 장식으로 채워져 있어요. 덕홍전에 대한 제국 황제를 만나러 온 손님이 실내 장식을 보고 분위기에 압도되지 않았을까요.

동쪽과 서쪽 벽면에는 문이 하나씩 설치돼 있는데요. 동쪽 문은 고종이 덕홍전과 함녕전 사이를 편하게 이동할 수 있도록 만든 복도각으로, 서쪽 문은 고종을 만나러 온 손님들이 잠시 대기하던 공간으로 각각 이어지던 문이라고 짐작합니다.

탐험미션

덕홍전 실내에서 어떤 장식이 가장 마음에 드나요? 하나를 골라 이유를 말해 보세요.

정 관 헌

고요하게 궁궐의 풍경을 즐기던 장소

함녕전과 덕홍전 화계 계단 위로

함녕전과 덕홍전을 둘러보는 동안 화계 뒤쪽 높은 곳에 자리한 건물을 발견했나요? 나무 여러 그루가 서 있는 화단 사이로 보이는 단정한 건물 모습이 인상적입니다.

현재 궁궐 중에서 화계 위쪽까지 마음껏 올라가 볼 수 있는 곳은 매우 드물어요. 대개는 화계 앞에서만 나무와 꽃, 굴뚝 등을 감상하고 다른 곳으로 발걸음을 옮겨야 하는데요. 함녕전과 덕홍전 화계는 다릅니다. 계단 위로 올라가 볼 수 있죠. 그럼 계단을 따라 저 높은 곳에 있는 건물을 탐험하러 가 볼까요?

화계 위에 자리 잡은 서양식 테라스

이 건물의 이름은 정관헌입니다. 궁궐에서 흔히 볼 수 있는 건물 모양이 아니군요. 정면과 양옆의 벽면이 시원하게 트여 난간으로 둘러져 있어요. 테라스처럼요.

정관헌은 원래 이전 임금들의 어진(임금의 초상화)을 보관하기 위해 지었어요. 이때는 네 면이 모두 막힌 모습이었는데요. 어느 순간 테라스 구조로 바뀌었어요.

건물 뒤쪽은 다른 모습입니다. 일반 건물처럼 벽돌을 쌓은 벽으로 막혀 있죠. 서양식 건물 같은 느낌이 드는군요. 벽에는 윗부분이 둥글고 세로로 긴 다섯 개의 창문이 나 있어요. 가운데에는 출입문이 있고요. 저 문을 열고 들어가면 바쁜 일상을 보내다 잠시 쉬고 있던 대한 제국의 황제가 우리를 환영해 줄 것 같아요.

난간과 기둥 장식에 어우러진 동서양의 아름다움

다시 앞쪽으로 돌아와 건물을 살펴봅시다. 정관헌은 장식 하나하나에 공을 참 많이 들인 건물이랍니다.

먼저 금빛 철제 난간을 볼까요? 소나무와 사슴, 박쥐 모양을 투각(재료의 면을 파거나 깎아서 무늬를 만드는 조각 기법)으로 정교하게 장식했어요. 난간 아래쪽 기단에는 공기가 통하도록 네모난 통풍구를 냈는데, 이곳에도 정성스럽게 덩굴무늬가 조각된 철망을 달아 놓았죠.

제가 꼽은 정관헌의 하이라이트는 철제 난간 위로 이어

진 나무 기둥이에요. 둥근 기둥의 몸통에는 위아래로 매끈하게 홈이 파여 있어요. 맨 윗부분에는 화려한 이파리 장식이 섬세하게 새겨져 있죠. 아칸서스잎 모양인데요. 고대 그리스 건축 양식을 본뜬 거랍니다. 이파리 위에는 대한 제국의 상징인 오얏꽃 문양이, 그 위로는 꽃 한 송이가 꽂혀 있는 화병이 조각돼 있군요.

기둥과 기둥 사이에 이어진 위쪽 장식도 볼거리입니다. 초록 이파리 사이로 모란과 국화가 풍성하게 조각돼 있어요. 박쥐와 구름 문양도 눈에 띄고요.

이제 실내도 살펴볼게요. 들어가는 입구 쪽 바닥에는 고급스러운 문양의 타일이 깔려 있어요. 안쪽으로 눈을 돌리면 고풍스러운 탁자와 의자, 금색 커튼이 보입니다. 격자 문양 천장에 걸려 있는 샹들리에도 눈에 띄는군요. 꽃봉오리를 본뜬 모양이에요.

고요히 바라보는 집

그리고 보니 덕수궁에 머물던 고종도 화계 가운데로 난

계단을 따라 정관헌으로 올라왔겠죠. 고종은 커피를 무척 사랑했다고 알려져 있는데요. 정관헌의 위치와 구조를 보면 조용히 앉아 커피나 차를 들기에 딱 좋은 건물 같습니다. '고요히 바라보는 집'이라는 뜻을 담은 이름도 참 절묘하게 잘 지었다 싶어요.

탐험미션

정관헌 테라스 아래쪽을 둘러싼 철제 난간의 장식을 관찰해 보세요. 소나무와 사슴, 박쥐 문양을 발견했나요?

석어당

옛날 임금이 살았던 나무 빛깔 집

살구나무 아래 앉아 감상하는 나무 빛깔

경복궁 건청궁, 창덕궁 낙선재와 연경당처럼 덕수궁에도 단청을 입히지 않고 나무 색깔을 그대로 드러낸 건물이 한 채 있어요. 이번에 탐험할 석어당이죠. 이렇게 단청이 없는 궁궐 건물들의 공통점은 모두 조선 후기 이후에 지어졌다는 거예요.

석어당은 중화전과 덕홍전, 즉조당 등 화려하게 단청으로 치장한 건물들 한복판에 자리 잡고 있어요. 그래서일까요. 오히려 멀리서도 눈에 잘 띕니다.

석어당 앞마당에는 봄마다 연한 분홍빛 꽃을 활짝 피우는 살구나무 한 그루가 있어요. 이 나무 아래에는 누가 가져다 두었는지 모를 직육면체의 돌이 하나 놓여 있답니다. 한 명쯤 앉으면 딱 알맞은 크기죠. 그런데 여기에 앉으면 석어당과 주변 풍경이 아주 잘 보여요. 덕수궁에서도 가장 공을 들여 건축한 건물이 중화전인데요. 중화전을 장식한 색색의 단청과 석어당의 소박하고 은은한 나무 색깔을 비교하기에도 좋은 자리랍니다.

2층에서 보는 바깥 풍경

석어당은 덕수궁에서 유일하게 2층으로 지은 전통 한옥
입니다. 1층은 대청마루와 양쪽의 온돌방으로 이루어져 있
어요. 1층 정면에서 실내를 들여다봤을 때 왼쪽에 있는 방에
2층으로 올라가는 계단이 있는데요. 경사가 조금 가팔라서
조심스럽게 오르내려야 합니다.

2층에 오르면 벽 하나 없는 널찍한 마루가 펼쳐져요. 천
장이 조금 낮지만, 사방으로 설치된 창문을 활짝 열면 바깥

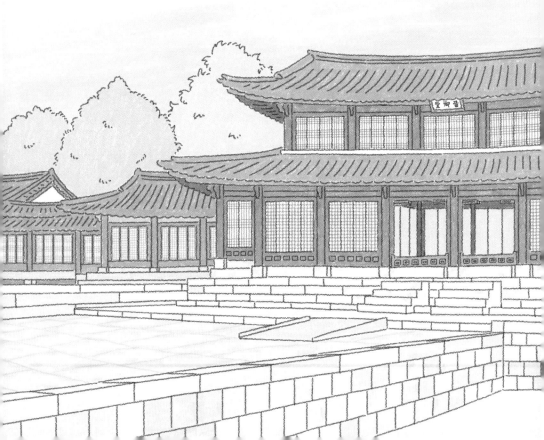

풍경이 훤하게 보여 답답한 느낌이 전혀 없죠.

천장을 가로지르는 종도리(지붕의 뼈대인 서까래를 걸 수 있도록 지붕의 용마루 밑에 수평으로 설치한 나무)에는 먹선으로 용이 그려져 있어요. 용은 이 집의 주인이 황제였다는 사실을 알려 주는 상징입니다.

평소에는 석어당 주변만 둘러볼 수 있지만, 비정기적으로 2층까지 올라가 관람할 수 있는 특별 행사가 열린답니다.

옛날 임금이 살았던 집

석어당이라는 이름에는 '옛날 임금이 살았던 집'이라는 뜻이 담겨 있습니다. 여기서 말하는 '옛날 임금'은 선조를 가리켜요. 임진왜란이 터지자 선조는 한양을 버리고 피란을 갔는데요. 전쟁을 치르는 사이 경복궁과 창덕궁, 창경궁이 심하게 파괴되고 불에 타 버린 바람에 선조가 한양으로 다시 돌아왔을 때 지낼 곳이 없었어요. 당장 임금이 머물 곳을 찾다가 들어간 곳이 석어당이었죠.

그런데 선조가 머물던 석어당은 1904년 화재로 사라졌어요. 지금 우리가 보는 건물은 같은 해에 다시 지은 겁니다.

석어당에 걸린 두 개의 현판

석어당을 다시 지을 때 새 현판에 글씨도 새로 써서 걸었습니다. 특이하게 1층과 2층에 각각 하나씩, 현판을 두 개

걸어 두었어요.

하나는 2층 처마 아래에 있는데요. 대한 제국의 관리였던 김성근이란 인물이 쓴 글씨입니다. 또 다른 하나는 1층 안쪽에서 볼 수 있어요. 2층 현판보다 테두리가 화려합니다. '석어당'이라는 글씨 오른쪽에 '임금이 손수 쓴 글씨'라는 뜻의 '어필'이라고 적혀 있습니다. 왼쪽에는 '광무구년을사칠월일'이라는 글귀도 보이고요. 광무 9년, 즉 1905년 7월 어느 날에 고종이 이 현판 글씨를 썼다는 뜻이랍니다.

탐험미션

우리가 지금 보고 있는 석어당과 그 앞에 우뚝 서 있는 중화전의 모습을 비교해 보세요. 여러분은 둘 중 어느 건물이 더 마음에 드나요? 그 이유는 무엇인가요?

중 화 전

대한 제국 황궁의 핵심 건물

사라져 버린 정전의 행각

석어당 마당의 살구나무 앞 계단을 내려와 중화전으로 걸어가 봅시다. 중화전은 덕수궁의 핵심 건물인 정전이에요. 그런데 이상하죠. 행각 하나 없이 건물만 세워져 있습니다. 궁궐의 중심인 정전을 지을 때는 건물을 보호하고 임금의 권위를 높이기 위해 행각을 둘러 다른 영역과 구분했는데 말이죠.

행각이 원래부터 없었던 건 아니에요. 고종이 덕수궁에서 세상을 떠난 뒤 일제가 철거한 것으로 추정합니다. 중화전 동남쪽 모서리에 행각의 흔적이 조각처럼 남아 있는데요. 지금 이곳은 관람객들이 잠시 쉬어 가는 장소로 쓰이고 있어요. 가끔씩 전시가 열리기도 한답니다.

어려워진 나라 살림을 보여 주는 단층 건물

덕수궁으로 들어온 고종은 처음에는 즉조당을 정전으로 사용했어요. 그러다 대한 제국의 위상에 걸맞은 새로운 정전이 필요해지자 중화전을 지은 거예요.

처음 지었을 때만 해도 중화전은 겉모양이 2층처럼 보이는 중층 건물이었습니다. 그런데 지금은 단층 건물입니다. 안타깝게도 1904년 화재로 중화전 역시 불에 타 사라졌어요. 1906년 새 건물이 완공됐지만, 처음의 모습과는 달랐죠. 당시 나라 살림이 어려워 중화전을 단층으로 지을 수밖에 없었던 거예요. 자료 사진 속 중화전의 옛 모습과 지금을 비교하면 위세가 작아진 분위기입니다.

당당한 자립 의지가 담긴 곳

대개 정전의 이름을 지을 때는 나랏일을 뜻하는 '정(政)' 자를 넣었는데요. 중화전은 그렇지 않아요. '중화'는 '어느 한쪽으로 균형을 잃거나 치우치지 않는 올바른 성정'이라는 뜻입니다. 급변하는 국제 사회 속에서 중심을 잃지 않고 당당히 자립하겠다는 대한 제국의 의지가 담긴 거죠.

아무리 규모가 줄고 위세가 움츠러들었다고는 해도 중화전은 대한 제국 황궁의 핵심 건물이 분명해요. 증거 몇 가지를 함께 찾아볼게요.

먼저 월대에 오르는 계단 가운데에 설치한 답도를 주목해 보세요. 황궁이라는 사실을 증명하는 용 두 마리가 조각돼 있습니다. 조선의 궁궐 가운데 이렇게 답도에 쌍용을 조각한 정전은 덕수궁 중화전뿐이랍니다. 황궁으로서 권위를 세우기 위한 장치였어요.

이번엔 하월대에 놓인 드므를 살펴볼게요. 드므는 방화수(불을 끄기 위한 물)를 담아 두었던 커다란 무쇠 그릇이에요. 한옥은 나무로 지어 불에 약하기 때문에 미리 방화수를 준비했던 건데요. 물론 중화전만큼 큰 건물에 불이 나면 드므에 담아 둔 물만으로는 어림도 없었겠죠. 따라서 실제로 불을 끄기 위해서라기보다는 불을 내려 온 화마가 물에 비친 무서운 자기 얼굴을 보고 놀라 달아나게 하려고 드므를 두었던 겁니다.

중화전 앞 동쪽과 서쪽에 하나씩 놓인 드므에는 글씨도 새겨져 있어요. 동쪽 드므에는 '국태평만년(國泰平萬年)'이라는 글씨가 보여요. '나라가 태평하게 영원히 지속돼라'는 뜻이에요. 서쪽 드므에 새겨진 '희성수만세(囍聖壽萬歲)'는

'성스러운 임금의 수명이 오래가서 매우 기쁘다'는 뜻이죠. 특히 '기쁠 희(喜)' 자를 두 개 붙인 '쌍 희(囍)' 자를 써서 매우 큰 기쁨을 나타낸 점이 눈에 띄어요. 또 황제국에서만 쓸 수 있는 '만세(萬歲)'라는 단어가 쓰였다는 사실도 눈여 겨봐야 해요. 덕수궁이 황궁이 아니라 왕궁이었다면 '천세 (千歲)'라고 썼을 겁니다.

여기서 끝이 아니에요. 중화전 문과 창틀에는 황제를 상 징하는 노란색이 칠해져 있어요. 실내 천장 한가운데에도 금빛 번쩍이는 쌍용이 장식돼 있습니다.

일본의 위협으로 중화전에서 쫓겨난 황제, 고종

중화전은 황제국으로 뻗어나가려는 고종의 의지와 대한 제국을 어떻게든 식민지로 삼으려는 일본의 욕심이 충돌한 현장입니다. 과연 중화전에서 어떤 일이 벌어진 걸까요?

1905년 일본은 대한 제국의 외교권을 빼앗기 위해 강제 로 '을사늑약'을 체결했습니다. 이 협정은 형식적으로 무효 일 수밖에 없는데요. 제대로 된 조약의 제목조차 없을 뿐 아니라 고종이 서명도 하지 않았기 때문입니다. 일본에 나라를 팔아넘긴 '을사오적(이완용, 박제순, 이지용, 이근택, 권중현)'만 찬성했던 조약이죠.

그런데 1907년 반가운 소식이 들려왔어요. 세계 평화를 논의하는 '만국 평화 회의'가 네덜란드 헤이그에서 열린다는 소식이었는데요. 고종은 을사늑약의 부당함을 국제 사회에 알리기 위해 이상설, 이준, 이위종 등을 비밀리에 이 회의에 보냈어요.

하지만 이 일이 초대 통감(일제가 대한 제국을 감독하기 위해 서울에 두었던 통감부의 우두머리)인 이토 히로부미에게 알려져 모든 노력이 물거품이 됐어요. 심지어 일본은 이 일을 빌미로 삼아 고종을 위협하며 황제 자리에서 물러날 것을 강요했습니다.

고종은 처음엔 일본의 강압에 물러서지 않았어요. 하지만 백성들이 위험에 빠질 수도 있다는 생각에 더는 버틸 수 없었습니다. 결국 1907년 7월, 대리청정(임금 대신 세자가 국정을 이끄는 것)을 하기로 결정했어요. 대리청정 예식이 치러진 장소가 바로 중화전 마당입니다.

　이 예식에는 고종과 순종 둘 다 참석하지 않았는데요. 일본은 그 틈을 타 고종이 순종에게 황제 자리를 물려주는 예식으로 바꿔 버렸어요. 심지어 일왕은 순종에게 황제 취임을 축하한다는 전보를 보내왔고, 고종에게는 '물러난 황제'라는 의미로 '태황제' 칭호를 받게 했죠. 더는 손쓸 수 없는 상황이 된 거예요. 대한 제국의 주권이 일본에 거의 넘어간 현실을 보여 주는 서글픈 사건이었습니다.

탐험미션

중화전 월대 앞 양쪽에 놓인 드므를 가까이에서 관찰해 봅시다. '만세(萬歲)'라는 한자를 발견했나요?

즉조당·준명당

고종의 마음이 담긴 장소

덕수궁의 쌍둥이 건물

이번에는 중화전 뒤로 돌아 월대 위에 올라서 보세요. 나란하게 이어져 쌍둥이처럼 서 있는 두 건물이 보이나요? 자세히 보면 왼쪽 건물의 지붕이 살짝 높은데요. 이곳이 준명당이에요. 오른쪽이 즉조당이죠.

지금은 즉조당과 준명당이 복도로 이어져 있지만, 원래두 건물은 담장으로 나뉘어 있었어요. 오히려 즉조당과 그오른쪽에 있는 석어당이 연결돼 있었고요. 1904년 화재로 사라진 건물들을 복원하면서 건물의 구조가 바뀌었는데요. 이때 지금처럼 즉조당과 준명당이 연결되고 석어당은 따로 떨어져 남았죠. 각 건물을 두르고 있던 담장도 지금은 사라지고 없습니다.

즉조당, 이름에 얽힌 사연

임진왜란이 터지고 피란을 갔던 선조가 한양으로 돌아와임시 거처로 삼은 곳이 석어당이라고 했죠? 즉조당도 그때선조가 머물렀던 건물이에요. 선조가 세상을 떠나고 다음

으로 왕위에 오른 광해군과 그다음 임금인 인조가 즉위식
을 치른 곳도 즉조당이었죠. 그 무렵부터 이 건물을 '임금
의 즉위'라는 의미를 담아 즉조당이라고 불렀습니다.

　즉조당은 이름만 세 번 바뀌었어요. 고종이 대한 제국을
선포하면서 이름을 '태극전'으로 바꾸었죠. 이후 태극전을
정전으로 사용하면서 '중화전'으로 바꿔 불렀고요. 그러다
1902년 완공된 정전 건물을 중화전이라고 부르면서 즉조
당은 원래 이름을 되찾았답니다.

고종이 지키고 싶어 한 즉조당

고종이 덕수궁으로 들어왔을 때만 해도 궁궐 안에 남아 있던 건물은 즉조당과 석어당뿐이었어요. 그러다 1904년 즉조당이 불에 타 사라지고 말았습니다. 이때 고종이 얼마나 안타까워했는지 《고종실록》에 기록돼 있어요.

"즉조당으로 말하면 몇백 년 동안 전해 오는 것이기 때문에 서까래 하나 바꾸거나 고치지 않았는데, 몽땅 타 버렸으니 참으로 아쉽기 그지없다."

고종은 곧바로 즉조당을 새로 지으라고 명령했는데요. 화재가 일어난 해에 새 건물이 완공됐죠.

고종은 이렇게 복원한 즉조당을 다시는 화재로 잃고 싶지 않은 마음을 담아 현판 글씨를 직접 썼습니다. 석어당과 마찬가지로 즉조당 현판을 보면 오른쪽 위에 '어필'이라는 글자가 있어요. 왼쪽에는 1905년 7월 어느 날을 뜻하는 '광무구년을사칠월일'이라는 글귀가 한자로 쓰여 있고요.

딸을 사랑한 아버지의 마음이 담긴 준명당

일본의 강압으로 하루아침에 황제 지위를 빼앗긴 고종은 덕수궁에서 쓸쓸한 노년을 보냈어요. 그러던 중 1912년 감격스럽게도 늦둥이 딸, 덕혜 옹주가 태어났습니다. 귀한 선물 같은 딸의 탄생에 고종은 얼마나 기뻤을까요.

고종은 막내딸을 아낀 만큼 교육에도 관심을 쏟았습니다. 덕혜 옹주가 궁궐에서 편하게 교육받을 수 있도록 준명당에 우리나라 최초의 유치원을 설치한 거예요. 원래 준명당은 고종이 신하나 외국 사신을 만나던 장소이자 한때는 침전으로도 사용한 건물이었어요.

　고종은 덕혜 옹주가 친구들과 어울려 공부하고 뛰어놀 수 있도록 귀족 자녀들도 유치원에 다니게 했어요. 아이들을 돌보고 가르칠 조선인과 일본인을 두었고요. 준명당 기단에는 아이들이 자칫 발을 헛디뎌 떨어져 다칠까 봐 난간도 설치했는데요. 이때 난간을 설치했던 동그란 홈이 지금도 남아 있답니다.

탐험미션

아이들이 떨어지지 않도록 준명당에 설치했던 난간의 흔적을 눈을 크게 뜨고 찾아보세요.

석조전

돌로 지은 대한 제국의 편전

하루도 뜻대로 사용하지 못한 서양식 건물

덕수궁 하면 떠오르는 대표 건물이 바로 석조전입니다. 규모와 겉모양 등이 덕수궁에 있는 모든 건물을 압도하기 때문이죠. 지금도 매우 멋져 보이는데, 그때 사람들 눈에는 어땠을까요.

석조전은 황제국의 위엄을 보여 주기 위해 지은 서양식 건물이에요. 대한 제국의 재정 고문(나랏돈을 관리하고 이용하는 일에 관여해 조언하는 전문가)이었던 영국인 브라운이 건축 과정을 진행하고 영국인 건축가 하딩이 설계를 맡았죠. 1900년에 시작된 공사는 1910년에 끝났습니다.

원래 고종은 석조전을 대한 제국의 편전과 침전으로 사용하기 위해 짓기로 했어요. 하지만 완공되기도 전에 일본의 강요로 황제 자리에서 쫓겨나 석조전의 첫 용도로는 하루도 사용하지 못했답니다.

3층짜리 건물에 모아 놓은 궁궐의 기능

석조전은 지층과 1~2층, 이렇게 세 개 층으로 이루어진 건물입니다. 지층은 신하들이 사용했고요. 1층에는 황제가 손님을 만나던 접견실과 식당이, 2층에는 황제와 황후의 침실과 서재, 거실 등이 있었어요. 1층은 공식 행사 장소, 2층은 황실 가족만의 공간이었던 거죠.

다섯 궁궐을 통틀어 세 개 층으로 지은 건물도, 한 건물 안에 황제 부부의 생활 공간과 업무 공간을 두루 갖춘 건물도 석조전이 유일합니다.

전통 조경 방식과 정반대로 꾸민 유럽식 정원

건물과 함께 눈에 띄는 것이 바로 정원과 분수대입니다. 처음 지었을 때만 해도 석조전 앞에는 유럽 분위기가 나는 정원만 펼쳐져 있었는데요. 1938년 일제가 이곳에 분수대를 설치했어요.

건물 앞에 정원과 분수를 만드는 것은 우리 전통 조경 방식과는 맞지 않은 배치입니다. 지금까지 탐험하면서 봤던 화계처럼, 궁궐의 정원은 대개 건물 뒤에 만들었으니까요. 앞마당에는 나무도 거의 심지 않았고요. 게다가 물은 높은

쪽에서 낮은 쪽으로 흘러야 하는데요. 분수대는 그와 반대로 물을 아래에서 위로 뿜게 만드는 시설물이죠.

석조전이 지나온 시간

무슨 이유에서인지 고종은 석조전이 완공된 뒤에도 이곳 2층에 마련한 침실이 아닌, 함녕전에서 주로 생활했습니다. 황후 침실의 주인이었던 순헌 황귀비는 석조전이 완공된 이듬해에 세상을 떠났고요. 일본에 강제로 끌려갔던 영친왕(고종의 일곱째 아들)이 잠시 귀국해 머물렀을 뿐 황실 가족은 석조전에서 오래 생활하지 않았던 거예요.

고종이 세상을 떠난 뒤 석조전은 거의 방치되다시피 했어요. 그러다 1938년부터는 이왕가미술관으로, 해방 후에는 덕수궁미술관, 국립중앙박물관, 궁중유물전시관 등으로 운영됐습니다.

2009년부터 약 5년에 걸쳐 석조전 실내를 복원해 지금은 '대한제국역사관'으로 사용되고 있어요. 관람객들에게 석조전을 처음 지었을 때 모습을 그대로 보여 주기 위해 자료와

사진을 바탕으로 당시 실내를 꾸몄던 가구와 장식들을 재현해 놓았죠. 고급스러운 식기 세트와 식탁, 탁자와 의자, 침대 등을 보고 있으면 금방이라도 방문을 열고 금빛 곤룡포를 입은 황제가 나타날 것 같습니다.

석조전에서 보면 서쪽에 비슷한 건물이 하나 더 있어요. 이왕가미술관으로 쓰기 위해 일제가 새로 지은 건물인데요. 지금은 다양한 예술 작품을 전시하는 국립현대미술관 덕수궁관으로 운영되고 있습니다.

탐험미션

석조전은 미리 예약한 뒤 관람할 수 있어요. 해설사 선생님의 설명을 들으면서 고종이 이곳에서 하루를 어떻게 보냈을지 상상해 봐요.

돈덕전

대한 제국의 외교를 위한 영빈관

독특한 모습의 서양식 건물

석조전 뒤로 돌아가면 덕수궁의 서쪽 문인 평성문이 나와요. 문으로 나가지 않고 북서쪽으로 야트막한 오르막길을 따라가면 회화나무 한 그루와 서양식 건물 한 채가 보이는데요. 건물 지붕보다도 높게 자란 키 큰 회화나무는 1670년경 심은 것으로 추정합니다. 그때부터 지금껏 같은 자리를 지키고 있는 거예요.

나무 뒤로 보이는 건물이 바로 돈덕전입니다. 겉모양이 독특하죠. 유럽의 어느 도시에나 있을 법한 모습인데요. 덕수궁에 있는 서양식 건물인 석조전, 정관헌과는 조금 다른 분위기가 느껴집니다. 돈덕전은 당시 프랑스에서 유행하던 건축 양식을 본떠 만들었어요. 붉은빛과 회색빛이 나는 벽돌로 건물 전체에 멋을 냈죠. 옥빛으로 칠한 창틀의 윗부분은 아치형으로 만들고 곳곳에 오얏꽃 문양을 장식했습니다. 벽돌과 아치형 창틀, 오얏꽃과 옥빛 등 요소들이 서로 부딪치거나 튀지 않고 조화를 이뤄 독특한 모습을 한 건물이 탄생한 거예요.

황제국의 위상을 알리기 위해 지은 영빈관

돈덕전은 대한 제국의 '영빈관'입니다. 영빈관은 귀한 손님을 맞이하는 건물을 말하는데요. 궁궐 안에 이렇게 화려한 영빈관을 지은 배경에는 고종의 의지가 있었어요.

고종은 덕수궁에서 대한 제국을 선포하고 스스로 황제 자리에 올랐습니다. 하루가 다르게 접근해 오는 주변 강대국들의 위협을 물리치고 나라의 힘을 보다 강하게 키우기 위한 시도였죠. 1902년에는 자신의 즉위 40주년을 축하하는 '칭경예식(기쁜 일을 축하하는 행사)'을 크게 열기로 결정했어요. 여러 나라의 사신과 손님을 초대해, 대한 제국의 위상을 국제 사회에 알리려 한 거예요. 행사를 성대하게 치르려면 그에 걸맞은 장소가 필요했겠죠. 그래서 돈덕전을 지은 거랍니다.

열리지 못한 즉위 40주년 축하 행사

하지만 칭경예식은 열리지 못했어요. 전염병인 콜레라가 걷잡을 수 없이 퍼졌기 때문이에요. 다시 행사를 열기 위해 일정표까지 자세히 짜 놓았지만, 러일 전쟁이 터져 결국 포기할 수밖에 없었습니다.

비록 즉위 40주년 기념행사는 열지 못했지만, 고종은 중요한 손님이나 외국 사신을 돈덕전에서 만났어요. 이들을 위한 연회를 열기도 했고요. 1905년 대한 제국을 방문한 미국 루스벨트 대통령의 딸이 돈덕전을 숙소로 쓰기도 했습니다. 1906년에는 황태자(순종)와 황태자비(순정효 황후)가 혼례를 치른 뒤 돈덕전에서 축하 잔치를 벌였어요.

순종의 황제 즉위식이 열린 장소

1907년에는 돈덕전에서 안타까운 행사가 열렸습니다. 고종은 을사늑약의 부당함을 다른 나라에 알리기 위해 네덜란드 헤이그에서 개최하는 만국 평화 회의에 특사를 파견했는데요. 이 일이 알려져 고종은 일본의 강요로 황제 자리에서 물러나야 했죠. 아들 순종이 그 자리를 이어받았고요. 이때 순종의 황제 즉위식이 이곳 돈덕전에서 열렸습니다.

그 뒤 고종은 덕수궁에서 생활했지만, 순종은 창덕궁으로 옮겨 가야 했어요. 그러나 이후에도 돈덕전은 고종과 순종이 중요한 인물들을 만나는 장소로 자주 이용됐답니다.

돈덕전은 고종이 세상을 떠난 뒤 훼손되기 시작해 1933년 흔적도 없이 사라졌어요. 사진 속에만 남아 있었죠. 실내 모습을 알려 줄 자료가 없어 건물 복원도 쉽지 않았어요. 그러다 돈덕전 내부 모습이 담긴 평면도가 발견돼 최대한 원래 모습에 가깝게 다시 지을 수 있었어요. 2023년 새로 문을 연 돈덕전은 다양한 전시가 열리는 공간으로 쓰여요. 덕수궁 관람 시간에는 아무 때고 돈덕전에 들어가 실내 모습을 둘러볼 수 있습니다.

탐험미션

돈덕전처럼 멋진 영빈관에 초대하고 싶은 사람이 있나요?
어떤 사람인지 친구에게 소개해 주세요.

덕수궁 주변의 역사 탐험지를 찾아서

덕수궁 주변을 걷다 보면 우리나라 근현대사와 관련 깊은 중요한 장소들을 마주하게 되는데요. 어떤 장소에서 어떤 사건이 벌어졌는지 함께 알아볼까요?

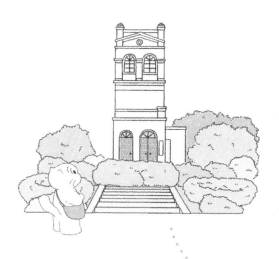

구 러시아 공사관

1895년 명성 황후가 목숨을 잃자, 그 이듬해에 경복궁을 빠져나온 고종이 1897년 덕수궁으로 거처를 옮기기 전까지 머문 곳이에요. 한국 전쟁 때 3층짜리 종탑 일부만 남기고 모두 파괴됐는데요. 이후 종탑 건물을 고치고 주변을 공원으로 만들었답니다.

중명전

원래 이름은 '수옥헌'으로, 1904년 덕수궁에 큰불이 나자 고종이 편전으로 삼은 곳이에요. 일제가 대한 제국의 외교권을 강제로 빼앗은 '을사늑약'이 체결된 가슴 아픈 장소입니다.

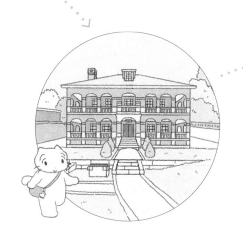

황궁우

1897년 대한 제국을 선포한 고종은 하늘에 제사 지낼 '환구단'을 만들었어요. 그로부터 2년 뒤 환구단 북쪽에 지은 팔각형 건물이 황궁우예요. 이곳에 태조와 하늘, 땅을 상징하는 신위를 모셨죠. 1913년 일제가 환구단을 철거하고 그 자리에 호텔을 세워 지금은 황궁우와 돌로 만든 북 세 개만 남아 있습니다.

대한 성공회 서울 주교좌성당

붉은색 지붕과 아치형 창문, 스테인드글라스 등 로마네스크 양식에 우리 전통 양식이 더해진 아름다운 성당이에요. 1922년 짓기 시작해 1926년부터 미완성인 채로 사용했어요. 1996년 지금의 모습으로 완공했습니다.

민주화 운동이 시작된 장소래!

양이재

대한 제국 황족과 귀족 자녀들을 교육하던 '수학원'이 있던 건물이에요. 원래는 덕수궁 안에 있었지만, 1927년쯤 지금의 자리로 옮겨졌어요.

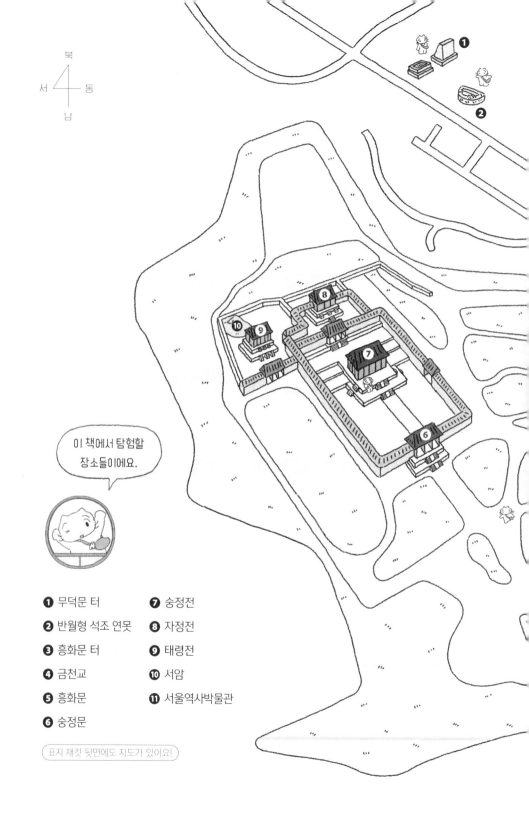

북
서 동
남

이 책에서 탐험할
장소들이에요.

❶ 무덕문 터   ❼ 숭정전

❷ 반월형 석조 연못   ❽ 자정전

❸ 흥화문 터   ❾ 태령전

❹ 금천교   ❿ 서암

❺ 흥화문   ⓫ 서울역사박물관

❻ 숭정문

표지 재킷 뒷면에도 지도가 있어요!

경희궁 탐험 지도

'경희궁'의 원래 이름은 '경덕궁'이었습니다.
영조가 경희궁이라고 이름을 바꾸었죠. 경희궁은 처음 세워진
당시의 모습을 많이 잃어버린 상태예요. 높은 빌딩 사이에 놓인
푯돌만이 그곳이 한때 경희궁의 일부였음을 알려 준답니다.
그래서 경희궁 탐험은 궁궐 안팎으로 이어져요.
경희궁의 옛 모습을 마음껏 상상하며 즐겁게 걸어 봐요!

경희궁길도
함께 탐험하자!

무덕문 터

경희궁의 북문이 있던 자리

경희궁에서 지낸 조선의 임금들

경희궁은 조선 시대에 광해군이 세운 궁궐입니다. 다른 궁궐과 비교해 오랜 기간은 아니지만, 한때나마 조선 왕실이 머물며 나랏일을 돌보던 곳이죠.

길게는 숙종이 약 13년, 영조가 약 19년 동안 경희궁에서 지냈어요. 숙종은 경희궁 회상전에서 태어나 융복전에서 세상을 떠났고요. 영조는 경희궁 집경당에서 승하했습니다. 두 임금만큼 긴 시간은 아니어도 인조, 효종, 현종, 경종, 정조, 순조, 헌종, 철종 등이 경희궁에서 생활했죠. 특히 경종, 정조, 헌종은 경희궁에서 즉위식을 치른 임금이랍니다.

사라진 경희궁의 북문

어린이 궁궐 탐험대의 마지막 탐험지를 경희궁으로 정하면서 과연 어디에서 출발하는 게 좋을지 고민했습니다. 궁리 끝에 정한 장소가 바로 이곳, 푯돌 앞입니다.

그런데 주변을 아무리 둘러봐도 높은 현대식 건물들만 눈에 들어올 뿐 궁궐 비슷한 건물은 전혀 보이지 않습니다.

그 이유는 푯돌에 적힌 내용을 보면 알 수 있는데요. 두 개의 푯돌 중 왼쪽에 놓인 푯돌을 먼저 살펴볼까요?

'경희궁지 일원 유구 확인 지역'이라고 적혀 있군요! '유구'란 옛날 건축물의 구조와 양식을 알 수 있는 실마리가 담긴 표시나 흔적을 말해요. 푯돌 건너편으로 주상 복합 건물 단지가 보이죠? 그 건물을 짓기 전 발굴 조사를 했는데, 그때 이 부근에서 경희궁의 흔적이 발견됐어요.

오른쪽에 놓인 푯돌을 보면 '추정 무덕문지', '추정 궁장지', '우물지'가 표시돼 있어요. 그러니까 여러분이 지금 서 있는 곳이 경희궁의 북문인 무덕문과 궁궐 담장, 그리고 우물이 있었던 자리라는 말입니다. 그리고 이런 사실을 푯돌에 기록해 둔 거예요.

무덕문 자리는 지금의 '축구 회관(여러분이 보고 있는 푯돌 바로 뒤에 있는 건물이에요.)' 자리쯤으로 추정합니다. 푯돌을 기준으로 뒤쪽 경사진 길을 따라 경희궁이 자리하고 있었을 거예요. 건너편 주상 복합 건물 앞으로 나가면 찻길이 보이고 그 찻길을 건너면 사직단이 있는데요. 무덕문은 경희궁과 사직단을 이어 주었던 통로로 보입니다.

함께 상상해 보는 경희궁의 옛 모습

무덕문은 물론이고 경희궁의 건물이라고는 하나도 보이지 않는 길 한가운데에서 우리의 탐험을 시작하는 이유가 궁금하죠? 경희궁이 조선 역사에서 조금씩 지워지기 시작한 때로 거슬러 올라가 봅시다.

고종 때는 흥선 대원군의 주도로 경복궁을 다시 지으면서 자재가 부족해지자 경희궁의 건물을 뜯어다 사용했어요. 일제 강점기에는 경희궁에 일본인 자녀들이 다닐 학교와 조선 총독부 직원들이 머물 관사(나라에서 공무원에게 빌려 주는 집)가 들어섰고요. 해방 후에는 한국 전쟁이 터져 경희궁의 흔적이 더욱 흐려졌습니다. 경희궁 터의 소유주가 여러 차례 바뀌기도 했죠. 경희궁은 이런 시간을 지나오다 결국 지금 상태로 줄어든 거예요.

다행히도 경희궁 주변에는 궁궐의 옛 모습을 추정할 단서들이 곳곳에 남아 있답니다. 지금 우리 앞에 있는 푯돌도

그중 하나고요. 그러니까 우리가 이 푯돌 앞에서 탐험을 시작하는 이유는 단서들을 하나하나 더듬어 번듯했던 경희궁의 위상을 확인하기 위해서입니다. 상상 속에서나마 경희궁의 온전한 모습을 복원해 보자는 의도도 있고요. 지금보다 훨씬 넓고 멋있었던 경희궁의 모습이 머릿속에 조금씩 그려지나요?

탐험미션

무덕문은 어떤 모습이었을까요? 어느 방향으로 놓여 있었을까요? 크기는 어느 정도였을까요? 여러분이 상상한 무덕문을 그려 보세요.

반월형 석조 연못

미술관에 남아 있는 경희궁의 흔적

이제는 미술관이 된 경희궁의 후원

조금 전 본 팻돌을 지나 '경희궁길'을 따라 조금만 걸으면 바로 왼쪽에 '성곡미술관'이 보입니다. 지금의 성곡미술관 주변에는 경희궁의 작은 후원이 있었던 것으로 추측해요. 창덕궁만큼 넓은 후원은 아니었겠지만요.

경희궁을 그린 대표적인 그림 가운데 〈서궐도안〉이라는 작품이 있어요. 경복궁 동쪽에 있는 창덕궁과 창경궁은 '동궐', 서쪽에 있는 경희궁은 '서궐'이라고 불렀거든요. 〈서궐도안〉을 보면 '영취정'과 '춘화정'이라는 두 정자의 위치와 당시 모양까지 확인할 수 있는데요. 미술관 마당에 들어섰을 때 정면으로 보이는 낮은 언덕이 영취정과 춘화정이 있던 자리랍니다.

멀리 관악산이 보이던 정자, 영취정

영취정은 경희궁 가장 북쪽의 깊숙하고 높은 곳에 자리하고 있었어요. 기록에 따르면 이곳에서는 지금의 청와대 바로 옆에 있는 '육상궁'이 보였다고 해요. 육상궁은 영조의 친어머니인 숙빈 최씨의 신주를 모신 사당이죠. 영조는 세상을 떠난 어머니를 그리워하며 육상궁을 보기 위해 매일 아침 영취정에 올랐답니다.

놀라운 사실은 조선 시대에는 영취정과 춘화정 주변에 서면 멀리 관악산까지 보였다는 거예요. 숙종이 이곳에서 관악산 풍경을 보며 지었다는 〈어제망관악시〉라는 시가 남아 있어요. 물론 지금은 높은 빌딩에 가려 관악산이 보이지 않아요. 정말로 이곳에서 관악산이 보였을지, 보였다면 어떤 모습이었을지 궁금해지는군요.

미술관 마당에 남아 있는 돌 연못

지금 영취정과 춘화정은 사라지고 없어요. 대신 성곽미술관에서는 푯돌보다 더 실감 나는 경희궁의 유물을 볼 수 있답니다. 1관 입구로 가 볼게요.

계단을 오르기 전 왼쪽 바닥에 반달 모양의 커다란 돌 조각이 보여요. 춘화정 마당에 실제로 놓여 있던 '반월형 석조 연못'입니다. 1704년 경희궁에 춘화정을 지을 때 함께 만들어진 작품으로 추정해요. 〈서궐도안〉에도 이 연못이 그려져 있죠. 수백 년 전 물건이 타임머신이라도 탄 것처럼 우리 눈앞에 보란 듯이 나타나다니 신기하지 않나요?

이 연못은 무척 화려하고 정교하게 만들어진 조각품입니다. 가로 폭이 150센티미터나 되는데요. 놀랍게도 작은 돌 여러 개를 연결한 게 아니라 커다란 돌 하나를 통째로 조각해 만든 거예요. 연못 안쪽에는 가운데 있는 여의주로 향하는 잉어 두 마리가, 바깥쪽에는 모란 무늬가 구름 형태로 조각돼 있어요. 위쪽 둥근 테두리에는 서수 세 마리가 장식돼 있고요.

숙종이 이 아름다운 돌 연못을 보며 지었다는 시를 감상해 볼까요?

누각 위의 봄바람이 좋아
섬돌가에 반달 같은 연못 있네
앉아 물고기 뛰어노는 곳을 보니
조용히 려천 시를 읊네

발아래 남아 있는 경희궁의 흔적

경희궁의 흔적은 성곡미술관 맞은편 '일조각'이라는 출판사 건물에서도 확인할 수 있습니다. 2004년 지금 자리에 건물을 새로 지을 때 지하에서 경희궁의 흔적으로 보이는 유구가 발견됐어요. 경희궁의 옛 모습을 연구할 귀중한 자료이기 때문에 유구를 고스란히 남겨 둔 채 1층 바닥을 투명한 강화 유리로 덮었답니다. 건물 안, 그것도 발아래 궁궐의 흔적이 남아 있다니 신기하고 재미있군요.

탐험미션

어째서 돌 연못을 반달 모양으로 만들었을까요? 어떤 의미가 담겨 있을지 상상해 보세요.

흥화문 터

경희궁의 정문이 있던 자리

경희궁의 흔적이 남아 있는 길을 따라서

무덕문 터 푯돌에서 출발해 성곡미술관을 지났네요. 이제 우리는 경희궁길을 따라 계속 걸을 거예요. 경희궁길은 서울역사박물관이 보이는 큰길까지 이어집니다.

특별한 것 없는 흔한 길처럼 보인다고요? 하지만 이곳에도 경희궁의 흔적이 많이 남아 있답니다. 경희궁길 양옆 주택가는 일제 강점기에 조선 총독부 직원들이 생활하던 관사가 있던 곳이에요. 지금의 경희궁길에는 대략 경희궁의 동쪽 담장이 있었다고 보면 돼요.

궁궐 근처에 건물을 새로 지으려면 먼저 발굴 조사를 꼭 해야 하는데요. 이 길 주변을 발굴하면서 경희궁의 배수로, 축대, 기와, 도자기 조각 등이 많이 발견됐어요. 그리고 건물 한쪽에 안내판을 붙여 발굴 결과를 설명해 놓았죠. 경희궁길을 걷다 보면 이런 안내판이 종종 눈에 띕니다.

흥화문 자리를 표시해 놓은 돌

경희궁길이 끝나는 곳에 '구세군 회관' 건물이 있습니다.

우리가 이번에 탐험할 장소죠! 주위를 빙 둘러보세요. 높은 빌딩들과 넓은 차도를 보니 앞서 살펴본 탐험 장소들처럼 궁궐의 모습과는 거리가 멀군요.

하지만 이곳을 탐험해야 하는 이유가 있답니다. 구세군 회관이 바로 경희궁의 정문인 흥화문이 있던 자리이기 때문이에요. '경희궁 정문인 흥화문의 원래 자리'라는 글씨가 선명하게 새겨진 흥화문 터 푯돌이 그 증거입니다. 이 푯돌은 눈에 잘 띄지 않아서 유심히 찾아봐야 해요. 높은 빌딩 모퉁이 바닥에, 사람들이 바쁘게 지나다니는 길 구석 자리에 자그마하게 자리 잡고 있거든요.

다른 곳으로 옮겨 간 흥화문

"푯돌만 남아 있는 걸 보면 흥화문도 무덕문처럼 사라진 걸까?" 아쉬워하는 친구도 있을 거예요. 그런데 흥화문은 사라지지 않고 지금껏 남아 있답니다. 원래 위치에서 한참 떨어진 곳에 서 있죠.

그렇다면 지금 어디에 있는지, 왜 원래 자리에 없는지는

흥화문으로 이동해서 설명할게요.

우리가 이곳에서 함께 확인할 내용은 흥화문이 놓여 있던 방향이에요. 구세군 회관은 경희궁 동쪽 모서리에 자리잡고 있어요. 그러니까 흥화문이 궁궐 동쪽에 있었다는 뜻이죠. 원래 궁궐의 정문과 건물들은 남쪽을 보고 세우는 게 원칙이지만, 창경궁 홍화문처럼 경희궁 흥화문도 동쪽을 향해 세웠던 거예요. 〈서궐도안〉을 보면 경희궁을 처음 세웠을 때 흥화문의 위치와 방향을 확인할 수 있답니다.

밤에도 고개를 밝게 비추던 흥화문 현판

흥화문 푯돌이 있는 곳에서 광화문역 쪽으로 조금 떨어진 곳에 '야주개'라고 적힌 푯돌이 있어요. 지금 이곳은 평지에 대로변이지만, 조선 시대에는 야주개라는 이름의 고개였죠. 그런데 이런 이름이 붙은 이유가 흥화문 현판 때문이라는 재미있는 이야기가 전해 와요.

조선의 명필가 이신이라는 인물이 흥화문 현판의 글씨를 썼는데요. 글씨가 어찌나 아름다운지 밤에도 빛이 났다고 합니다. "경희궁의 정문인 흥화문 현판 글씨가 빛이 나서 밤에도 이 고개까지 비친다고 해서 붙여진 이름이다."라고 푯돌에도 적혀 있다니까요! 얼마나 대단하게 잘 쓴 글씨인지는 잠시 후 흥화문으로 가서 확인해 봅시다.

탐험미션

흥화문에서 바라본 경희궁은 어떤 모습이었을까요? 구세군 회관 앞에서 서울역사박물관 쪽을 바라보면서 경희궁의 옛 모습을 상상해 보세요.

금 천 교

경희궁의 옛 모습을 상상하게 하는 돌다리

궁궐로 향하는 길에 놓여 있던 다리

흥화문 터에서 서울역사박물관 쪽으로 길을 건너면 경희궁 금천교가 보입니다. 다리를 찾느라 두리번거리는 친구도 있을 거예요. 당연합니다. 지금까지 탐험한 궁궐과는 다르게 경희궁 금천교는 금세 발견하기 어렵거든요. 지금은 서울역사박물관으로 들어가는 통로처럼 쓰이는 데다가 주변에 궁궐 건물이 하나도 보이지 않기 때문에 사람들은 금천교의 존재를 모른 채 그 위를 지나가곤 하죠.

일제 강점기에 일본은 경희궁 안에 일본인 자녀들이 다닐 경성중학교를 세우면서 많은 건물을 헐어 버렸어요. 이때 금천교도 땅속에 묻혔답니다. 2001년 경희궁을 발굴 조사할 때 겨우 발견됐죠. 지금 우리가 밟고 선 금천교는 이때 새롭게 복원된 거예요.

나쁜 기운은 막고 좋은 기운은 품길 바라며

다른 궁궐들을 탐험하면서 여러 차례 이야기했는데요. 궁궐 입구 주변에 흐르는 하천을 통틀어 '금천'이라고 합니다.

금천은 궁궐 바깥의 나쁜 기운이 임금의 공간으로 들어오지 못하게 막는 동시에 궁궐의 안과 밖을 가르는 경계가 되기도 했어요.

우리 조상들은 집터를 고를 때 뒤로는 산을 등지고 앞으로는 물이 흐르는 지형, 그러니까 '배산임수'를 최고의 원칙으로 꼽았는데요. 이때 물은 궁궐 밖의 나쁜 기운을 막기도 하지만, 뒤에 있는 산에서 내려오는 좋은 기운이 바깥으로 새 나가지 않고 집 안에 머물게 하는 역할도 한다고 믿었답니다. 궁궐을 지을 때는 더 엄격하게 배산임수 원칙에 따라 명당 중의 명당을 골랐겠죠? 경희궁이 자리 잡은 이곳은 뒤로 인왕산이 서 있고 앞으로 금천이 흘렀으니, 무척 좋은 터라고 볼 수 있어요.

궁궐에서 금천을 가로질러 놓인 다리를 통틀어 '금천교'라고 불렀어요. 다리에도 '금지'의 의미를 담아 나쁜 기운을 막으려고 한 거예요.

금천교는 임금이 정문을 거쳐 궁궐 밖으로 나가기 전 마지막으로 행렬을 점검하는 공간이기도 했답니다. 따라서 금천교의 폭은 임금이 행차할 때 행렬이 펼쳐진 너비와 같았다고 보면 돼요.

학교로 간 금천교의 돌거북

서울역사박물관을 마주 보고 서서 금천교의 오른쪽 난간 아래를 살펴볼까요? 조선 시대에는 다리 아래로 물이 흘렀을 텐데, 지금은 물길이 모두 막혀 맨바닥만 드러내고 있습니다. 한때는 물이 통과했을 두 홍예(윗부분을 무지개 모양으로 둥글게 만든 문) 사이에는 '귀면', 그러니까 귀신 얼굴을 조각해 넣었어요.

그런데 귀면 문양 아래 바닥에 무언가를 올려놓았을 법한 돌이 하나 보여요. 금천을 지키는 돌거북이 놓여 있던 자리랍니다. 해방 후 경성중학교는 서울중고등학교(지금의 서울고등학교)로 바뀌었는데요. 이때 이 돌거북이 학교 본관 앞에 놓이게 됐어요. 그러다 학교를 이전할 때 돌거북도 함께 옮겨 갔죠. 경희궁을 지키던 돌거북이 지금은 학교를 지키고 있는 셈이에요.

금천교 위에서 경희궁의 옛 모습을 상상하며

자, 이제 다리 위에서 상상력을 마음껏 펼쳐 볼까요? 구세군 회관과 서울역사박물관을 번갈아 보며 옛 경희궁 입구를 상상해 보고요. 궁궐 밖으로 외출했던 임금이 경희궁으로 돌아올 때 흥화문 터 폿돌이 있는 곳을 통과해 우리가 밟고 선 금천교를 지나 서울역사박물관 쪽으로 향하던 모습도 머릿속에 그려 보세요. 우리의 궁궐 탐험은 역사 속에 잠들어 있는 경희궁을 깨우는 흥미로운 과정이 될 거예요.

탐험미션

조선 시대에 경희궁에 머물렀던 임금이 금천교를 건너 흥화문을 지나 궁궐 밖으로 외출하는 모습을 상상해 봐요.

흥화문

경희궁에 남은 옛 궁궐의 유일한 흔적

당당히 제 몫을 해냈던 경희궁의 정문

금천교에서 다시 큰길로 나가 봅시다. 서울역사박물관 버스 정류장 쪽으로 조금 걷다 보면 오른쪽에 경희궁의 정문, 흥화문이 보입니다. 원래 자리에서 한참 떨어진 위치네요.

먼저 현판을 보세요. 흥화문 현판의 글씨와 야주개에 얽힌 이야기 기억할 거예요. 어때요, 정말 글씨가 밤에도 빛이 날 만큼 아름다워 보이나요?

조선 시대에 흥화문은 정문 역할을 톡톡히 했답니다. 특히 영조는 직접 흥화문 앞에 나와 백성들에게 쌀을 나눠 주는 행사를 여러 차례 열었어요. 아들 사도 세자가 백성들에게 진 빚을 이곳에서 갚기도 했죠. 1899년에는 흥화문을 기준으로 지금의 동대문까지 전차가 개통됐는데요. 한마디로 서울의 교통 중심지에 흥화문이 있었던 거예요.

일본이 훼손한 우리 궁궐

흥화문은 어쩌다 제자리를 잃고 엉뚱한 곳에 놓인 걸까요? 1909년 안중근 의사가 하얼빈역에서 이토 히로부미를 암

살했습니다. 일본은 이토 히로부미를 추모하기 위해 지금
의 장충단 공원 부근에 절을 세우고 그의 이름을 따서 '박
문사(이토 히로부미의 이름을 한국식으로 '이등박문'이라고
읽거든요.)'라고 불렀어요. 그리고 흥화문을 마음대로 가져
가 이 절의 정문으로 삼았습니다. 장충단은 명성 황후가 일
본인들에게 살해당할 때 함께 목숨을 잃은 신하들을 추모
하는 제사를 지내기 위해 만든 곳인데요. 일본이 여기에 식
민 지배의 앞잡이를 위한 사당을 세운 거예요.

해방 후 박문사는 철거됐지만, 흥화문은 그 자리에 남은 채 제자리로 돌아오지 못했어요. 이후 박문사 자리에 들어선 호텔의 정문 역할을 해야 했죠.

흥화문은 1988년에야 경희궁으로 돌아왔습니다. 하지만 원래 자리에 구세군 회관이 이미 들어서 있었기 때문에 한참 뒤로 물러난 지금 위치에 세울 수밖에 없었던 거예요. 오랜 세월 다른 곳에 세워져 있었다 보니 심하게 훼손되긴 했지만, 결과적으로 현재 경희궁에서 흥화문만이 옛 모습 그대로 남아 있는 건물이랍니다.

탐험미션

다른 궁궐들의 정문과 달리, 현재 흥화문은 임금만 지나던 한가운데 문으로 누구나 드나들 수 있어요. 이 문을 통과하며 조선 시대 임금이 된 기분을 느껴 보세요.

주제 탐험 코스 2 〈서궐도안〉을 찾아서

〈서궐도안〉은 경희궁을 그린 그림이에요. 1829년 이전에 제작된 것으로 추정하죠. 경희궁의 옛 모습을 상상하며 〈서궐도안〉을 구석구석 탐험해 볼까요? 경희궁 지도, 창덕궁과 창경궁을 그린 〈동궐도〉와도 비교해 보세요.

앞에서 탐험한 곳들을 찾아볼까?

가로로 긴 그림
종이 12장을 이어 붙여 가로 401.5센티미터, 세로 127.5센티미터 크기의 화폭에 경희궁을 담았어요.

현재 흥화문의 위치

탐험할 때 본 흥화문이 이 자리에 있는 거야.

선으로만 그린 그림
〈동궐도〉는 색이 칠해져 있어 기둥이나 지붕의 색도 파악할 수 있는데요. 그와 달리 〈서궐도안〉은 먹선으로만 그려져 있어요.

여기가 영취정, 춘화정,
반월형 석조 연못이 있던 자리구나?
무덕문도 그려져 있어!

지금은 사라진 건물들

〈서궐도안〉에는 그려져 있지만 지금은
사라진 경희궁의 건물들이 무척 많아요.
우리가 앞서 탐험한 성곡미술관에는 반
달형 석조 연못만 남아 있고 영취정과 춘
화정은 사라진 상태죠. 무덕문도 푯돌만
남아 있고요.

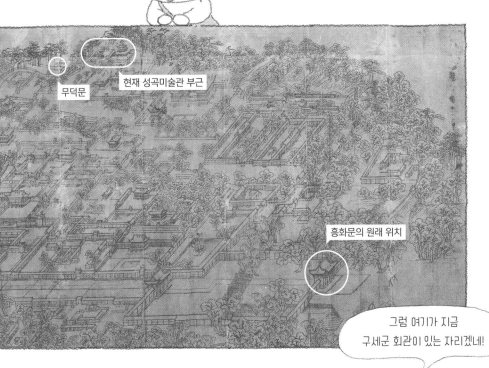

무덕문

현재 성곡미술관 부근

흥화문의 원래 위치

그럼 여기가 지금
구세군 회관이 있는 자리겠네!

정확하게 묘사한 건물과 지형

경희궁의 수많은 건물들의 방향과 크기, 이름, 박석의
모양, 어도까지 정확히 그려져 있어요. 주변의 산과 숲,
지형의 높낮이까지 파악할 수 있는 귀한 자료랍니다.

숭정문

정조의 즉위식이 열린 문

숭정문까지 오르는 길

흥화문을 지나 북쪽으로 발을 옮겨 봅시다. 경희궁의 핵심 공간으로 들어가는 길이에요. 경희궁은 원래 정문이 있던 자리인 흥화문 터에서 북서쪽으로 점차 경사가 생기며 높아집니다. 흥화문이 원래 자리에 있었던 시절에는 이 길로 들어설 때까지 숭정문이 보이지 않았을 거예요. 오르막에 다 올라 오른쪽으로 방향을 틀어야 숭정문이 나타났겠죠.

숭정문 앞에 서면 뒤로 인왕산이 병풍처럼 펼쳐지는데요. 인왕산의 뾰족한 봉우리가 숭정문 지붕의 정중앙과 정확히 일치합니다. 인왕산 봉우리를 기준으로 숭정문을 세운 게 아닐까 추측해 볼 수 있어요.

임금의 권위를 세워 주던 문

궁궐 안쪽으로 갈수록 높아지는 지형이라 경희궁 자리는 궁궐을 짓기에 적당하지 않을 것 같지만, 숭정문을 보면 생각이 달라질 거예요. 숭정문은 2단으로 높이 쌓은 월대에 올라앉아 있습니다. 임금이 문 앞 월대에 서 있는 모습을

상상해 보세요. 계단 아래쪽에 있는 신하들은 자연스럽게 임금을 우러러볼 수밖에 없었겠죠. 〈서궐도안〉에 그려진 숭정문도 높다란 월대와 계단이 두 층으로 쌓여 있는 모습인데요. 처음부터 임금과 신하의 시선을 모두 계산해 이 문을 지은 걸까요?

사도 세자의 아들, 정조의 즉위식

경종, 정조, 헌종이 즉위식을 치른 장소가 바로 이곳 숭정문이에요. 그중 정조의 즉위식이 가장 극적이었답니다.

정조는 겨우 열 살 나이에 아버지가 뒤주에 갇혀 세상을 떠나는 장면(임오화변)을 목격했습니다. 왕세손으로 지내던 시절에는 반대 세력에게 끊임없이 공격당했고요. 임오화변 이후 정조는 줄곧 경희궁에서 자랐어요. 영조가 경희궁에서 지냈기 때문인데요. 그러다 영조가 경희궁에서 승하하자 숭정문 앞에서 왕위에 오른 거예요. 정조는 즉위식에서 이렇게 말했습니다. "나는 사도의 아들이다!"

그때까지만 해도 비극적으로 세상을 떠난 사도 세자의 이름을 입에 올리는 건 금기였어요. 그런데 사도 세자의 아들이 임금이 된 것도 모자라, 즉위식 날 자신은 사도 세자의 아들이라고 당당하게 선언한 거예요. 즉위식에는 사도 세자를 죽음으로 내몬 신하들도 많이 있었는데요. 그들에게는 얼마나 두려운 말이었을까요.

정조는 왕위에 오른 이듬해에 자신을 암살하려는 사건이 벌어지자 창덕궁으로 거처를 옮겼어요. 그리고 세상을 떠날 때까지 경희궁으로는 돌아오지 않았습니다.

탐험미션

숭정문 앞에서 즉위식을 치르는 조선 시대 임금이라고 상상해 보세요. 여러분이라면 어디에 서 있었을까요?

숭정전

경희궁의 가장 큰 집

조금씩 높아지는 지형에 자리 잡은 정전

이곳은 경희궁의 정전인 숭정전입니다. 경희궁에서 가장 중요한 건물답게 이름에도 '정사를 드높인다'는 뜻을 담았죠. 신하들이 임금에게 문안을 올리고 나랏일에 관해 보고하는 조참 의식이나 외국 사신을 맞이하는 행사 등 나라의 공식 행사가 열리던 현장이에요.

숭정문 안쪽으로도 오르막 경사가 계속 이어지는데요. 숭정문(남쪽)에서 숭정전(북쪽)으로 갈수록 동쪽과 서쪽 행각의 지붕이 한 단씩 층층이 높아지는 모습을 볼 수 있어요. 숭정전 2층 월대에서 남쪽을 바라보면 양쪽 행각의 지붕 선이 마치 날개처럼 아래쪽으로 펼쳐지는 듯합니다. 〈서궐도안〉에서도 이 모습을 확인할 수 있죠.

남산 기슭으로 옮겨진 숭정전

지금의 숭정전은 1994년 새로 지은 건물입니다. 원래 있던 숭정전은 어떻게 됐냐고요? 답부터 말하자면 다른 장소에 있답니다. 사연은 이렇습니다.

안타깝게도 숭정전은 일제 강점기에 일본인 자녀들을 교육하기 위해 세운 경성중학교 교실로 쓰였어요. 그러다가 1926년 흥화문과 비슷한 큰 시련을 겪었습니다. 일본 불교 종파 가운데 하나인 조동종의 사찰 조계사(지금 종로구에 있는 조계사와는 다른 곳이에요.)에 팔려 남산 기슭으로 옮겨진 거예요.

여기서 보니까 행각 지붕들이 층층이 낮아지는구나!

해방 후 남산 자락에 동국대학교 건물들이 들어서면서 숭정전은 또 한 차례 옮겨졌고, 지금은 동국대학교 안 '정각원'이라는 이름의 법당으로 사용되고 있습니다.

박문사 앞에 놓여 있던 흥화문을 다시 경희궁으로 가져온 것처럼, 1980년대에 경희궁을 복원하면서 숭정전 또한 원래 자리로 옮기려고 시도한 적이 있어요. 하지만 건물 자체

가 심하게 낡아 실제로 옮기진 못했죠. 결국 경희궁 숭정전 자리를 발굴 조사 한 뒤 새 건물을 세운 거랍니다.

숭정전에 남은 옛 흔적

새로 지었다고는 해도 경희궁 숭정전의 원래 모습이 완전히 사라진 것은 아니에요. 아주 일부이지만, 옛 건물의 흔적이 남아 있어요.

숭정전의 상월대와 하월대를 한번 자세히 살펴보세요. 두 월대에 사용된 돌의 색깔도, 닳아 없어진 정도도 달라요. 하월대가 더 오래된 느낌이죠. 숭정전이 조계사로 팔려 갈 때 건물을 받치고 있던 하월대만 남겨 두었기 때문이에요. 그러니까 지금 우리가 보는 숭정전에서 하월대 빼고는 다 새로 지은 거랍니다. 경희궁 발굴 조사 당시 하월대가 발견된 덕분에 숭정전을 정확한 위치에 복원할 수 있었어요.

이번에는 월대의 계단 가운데에 설치된 답도를 살펴볼까요? 숭정전을 처음 지었을 때 상월대 답도에는 봉황, 하월대 답도에는 공작을 새겼어요. 그런데 지금 상월대 답도에 남아 있는 건 봉황이 아닌 공작이에요. 숭정전을 새로 지을 때 상월대 답도를 잘못 조각한 겁니다. 아마도 하월대 답도를 보고 똑같이 만든 것으로 짐작해요.

상월대와 답도뿐 아니라 숭정전 정면에 걸린 현판, 실내에 있는 닫집(어좌 위에 걸어 놓은 작은 집 모형), 천장 가운데에 있는 용 모양 장식 등의 원래 모습은 동국대학교 정각원에 가야 볼 수 있어요.

탐험미션

숭정전 월대에 올라 숭정문 쪽을 바라보세요. 건물과 주변 풍경을 본 느낌이 어떤지 친구들과 얘기해 봐요.

자정전·태령전

혼전과 빈전으로 쓰인 두 건물

승하한 임금을 모시던 자정전

숭정전 뒤편으로 가면 오르막 경사가 이어지는데요. 가운데쯤 가파른 계단이 앞을 가로막듯 서 있어요. 자정전 입구인 자정문까지 올라가는 계단입니다. 자정전은 임금과 신하가 모여 일하던 경희궁의 편전이에요. 임금은 물론이고 그 많은 궁궐 사람들이 저 높은 곳에 있는 건물까지 하루에도 몇 번씩 오갔다고 생각하니 놀랍습니다.

〈서궐도안〉에는 자정전 앞으로 길게 이어진 '천랑'이 그려져 있습니다. 천랑은 건물 앞뒤나 양옆으로 지붕을 올리고 복도처럼 만든 시설인데요. 경복궁 태원전의 경안문, 창덕궁 선정전의 선정문 안쪽으로도 바로 천랑이 이어진답니다. 이렇게 문 앞에 천랑을 설치한 건물은 빈전이나 혼전으로 많이 쓰였어요. 자정전은 숙종과 영조의 시신을 모시는 빈전으로 사용됐죠. 자정전의 천랑은 터만 발굴된 상태예요.

자정전 뒤로 돌아가면 화계가 나오는데요. 건물 뒤쪽에서 화계까지 거리도 짧고 큰 특색이 없는 공간처럼 보일 수도 있지만, 높은 곳까지 올라오느라 수고한 궁궐 탐험대에게 잠시 숨을 고를 여유를 주는 장소 같아요.

영조의 어진을 볼 수 있는 태령전

현재까지 복원된 경희궁 안에서는 자정전 화계가 가장 깊숙한 곳이에요. 이제 방향을 틀어 태령전 쪽으로 가 볼게요.

태령전의 정확한 쓰임은 아직 알려지지 않았습니다. 빈전과 혼전으로 쓰거나, 이곳에 어진을 보관했다는 기록만 전해질 뿐이죠. 정조는 경희궁에서 즉위하고 창덕궁으로 옮겨 가기 전까지 1년 남짓 경희궁에 머무는 동안 영조의 신주를 모시는 혼전을 태령전에 설치했는데요. 지금도 태령전에 가면 영조의 어진을 전시하고 있답니다.

탐험미션

자정전 화계 앞에 앉아 잠시 쉬면서 흥화문에서 이곳까지 올라온 과정을 되짚어 보세요.

서 암

상서로운 기운이 흘러나오던 바위

경희궁이 시작된 바위

자, 이제 최종 탐험지에 도착했습니다. 주변에 태령전과 자정전 말고는 아무 건물도 보이지 않아서 고개를 갸우뚱하는 친구들도 있을 거예요. 우리가 탐험할 장소는 바로 태령전 뒤편에 있는 커다란 바위랍니다. 자정전에서 태령전으로 이동할 때 건물 뒤편으로 이 바위가 보였을 거예요.

아무리 크다고 한들 그냥 바위 아니냐고요? 이 바위는 절대 그냥 지나쳐서는 안 될 중요한 곳이랍니다. 경희궁이 시작된 의미 있는 바위거든요. 경희궁이 시작된 곳에서 궁궐 탐험을 마무리하다니, 의미가 더욱 크다 하겠어요.

왕의 기운을 누르기 위해 지은 경희궁

이 바위는 예로부터 '왕의 바위'라는 뜻의 '왕암'이라고 불렸습니다. 왕암이 자리한 곳은 광해군의 이복동생, 정원군이 살던 곳이었어요. 그런데 어느 날부터 인왕산의 왕기(왕의 기운)를 받은 새 임금이 바위가 있는 곳에서 나올 거라는 소문이 돌았어요. 그러자 풍수가 김일룡은 정원군의 집터에 궁궐을 지어 왕기를 끊어야 한다고 광해군을 설득했죠.

임금인 자신이 멀쩡하게 살아 있는데도 바위 주변에서 새 임금이 날지도 모른다고 생각하니 광해군은 가만히 있을 수 없었어요. 결국 정원군의 집터에 새 궁궐을 짓기 시작했죠. 이 궁궐이 바로 '경덕궁', 지금의 경희궁입니다.

무리한 공사, 쫓겨난 임금

경희궁 공사가 한창 진행될 때는 7년에 걸친 임진왜란을 겪고 나라 전체가 큰 피해를 입은 뒤였어요. 전쟁 당시 불에 타고 훼손된 창덕궁과 창경궁 복원 공사도 마친 직후였고요. 궁궐을 복원하거나 새로 짓는 큰 공사를 연달아 진행한 셈이죠.

이렇게 무리하면서까지 궁궐을 지었지만, 정작 광해군은 경희궁에 머물지 못했어요. 1623년 반정(옳지 못한 임금을 몰아내고 새 임금을 세워 나라를 바로잡는 일)이 일어나 왕위에서 쫓겨났거든요.

한 가지 놀라운 사실은 광해군을 몰아내고 새롭게 왕위에 오른 인조가 바로 정원군의 아들이라는 점이에요. 인조는 신하들의 반대를 무릅쓰고 아버지 정원군을 '원종'으로 추존(왕위에 오르지 못하고 죽은 이에게 임금의 칭호를 주던 일)했는데요. 결과만 놓고 보면 왕암이 있던 정원군의 집터에 왕기가 흐른다는 소문이 정확히 맞은 거예요. 이곳에서 임금이 둘이나 나왔으니 말이죠.

돌에 새긴 이름

숙종은 이렇게 임금을 배출한 범상치 않은 왕암에 '상서로운(기쁘고, 운 좋은 일이 일어날 조짐이 보이는) 바위'라는 뜻을 담아 '서암'이라는 이름을 붙였습니다. 그리고 네모난 돌에 '서암'이라는 글씨와 함께 이름을 붙인 이유와 시기를 직접 새겼죠. 현재 국립고궁박물관에 이 돌이 보관돼 있답니다.

바위에 얽힌 이야기 덕분인지, 묘한 생김새 때문인지는 몰라도 서암을 보고 있으면 예사롭지 않은 기운이 느껴져요.

커다랗게 입을 벌린 모양에, 바위틈에서는 적은 양이지만 물도 졸졸 흘러나오고 있죠.

이제 미끄러지지 않게 조심하면서 바위 위로 직접 올라가 봅시다. 입을 크게 벌린 바위 밑도 살펴보고요. 바위 주변 풍경도 천천히 감상해 보세요. 여러분에게도 대단한 기운이 전해질지 모르잖아요!

탐험미션

서암에 얽힌 이야기를 떠올리며 바위를 요모조모 뜯어보세요. 여러분이라면 이 바위에 어떤 이름을 붙여 줄 것 같나요? 그렇게 이름을 붙인 이유도 이야기해 보세요.

경희궁 안팎의 역사 탐험지를 찾아서

경희궁 주변에는 조선 시대에 국가적으로 중요한 역할을 담당했던 시설은 물론이고, 우리나라 근현대사에서 빼놓을 수 없는 장소가 많이 있어요. 경희궁 안팎을 걸으며 함께 탐험해 봐요!

영렬천

'신묘하고 맑은 샘'이라는 뜻이에요. 숭정문 앞에서 서쪽으로 돌아 언덕을 오르면 숲길 안쪽에서 볼 수 있어요. 조선 시대에는 영렬천의 샘물을 마실 수 있었다고 합니다. 바위틈에서 물이 나와 언제나 마르지 않고 매우 차가웠다고도 해요.

서울역사박물관

옛 경희궁 자리에 들어선 박물관입니다. 조선 시대부터 대한 제국 시기를 거쳐 일제 강점기, 그리고 현대까지 서울의 역사, 문화와 관련한 다양한 전시와 유물을 볼 수 있는 곳이죠.

사직단

태조가 조선을 세우고 한양을 수도로 정한 뒤 토지와 곡식의 신에게 제사를 올리기 위해 만든 곳이에요. 동쪽에는 토지의 신에게 제사를 올리는 '사단'을, 서쪽에는 곡식의 신에게 제사를 바치는 '직단'을 설치했죠.

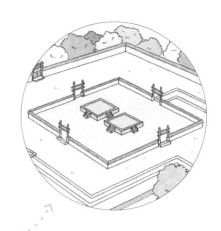

경교장

일제 강점기 독립운동가였던 백범 김구 선생이 살던 곳입니다. 김구 선생은 1945년부터 이 집에서 생활하다 1949년 안두희가 쏜 총에 맞아 세상을 떠났어요.

돈의문 터

한양의 사대문 중 서쪽 출입문(서대문)인 돈의문이 있던 자리입니다. 강북삼성병원으로 가는 입구쯤으로 추정하는데요. 1915년 일제가 도로를 넓힌다며 문을 철거해 지금은 볼 수 없어요.

탐험! 덕수궁 역사

조선 시대

1392
조선을 세움

1592
- 임진왜란이 일어남
- 선조가 한양을 버리고 의주로 피란을 감

1593
선조가 정릉동 행궁(덕수궁)으로 돌아옴

1899
- 대안문을 세움
- 환구단 안에 황궁우를 지음

1897
- 고종이 경운궁으로 거처를 옮김
- 고종이 경운궁에서 대한 제국을 선포함
- 환구단을 지음

1900
석조전을 짓기 시작함

1902
환구단에 돌로 만든 북을 설치함

1904
큰 화재로 중화전, 즉조당, 석어당 등 주요 건물이 불에 탐

1905
일본의 강요로 중명전에서 을사늑약을 맺음

1938
석조전 별관이 완공됨

1933
일제가 덕수궁 건물 대부분을 훼손하여 공원으로 만듦

1925
중명전을 복원함

대한 민국

1961
태평로 확장 공사로 덕수궁 담장을 약 6미터 뒤로 옮김

1968
덕수궁 담장을 뒤로 더 옮기면서 대한문만 차도에 남음

1970
대한문을 현재 위치로 옮김

1608

– 정릉동 행궁에서
선조가 세상을 떠남
– 즉조당에서 광해군이
즉위함

1611

정릉동 행궁에서
경운궁으로 이름을 바꿈

1623

– 인조반정이 일어남
– 즉조당에서
인조가 즉위함

대한 제국

1896

– 고종이 러시아 공사관으로
거처를 옮김
– 명성 황후의 빈전을
경운궁으로 옮김

1895

경복궁에서
명성 황후가
시해당함

1906

– 경운궁을 새로 지음
– 대안문의 이름을 대한문으로
바꾸고 정문으로 사용함

1907

– 돈덕전에서 순종의
황제 즉위식이 열림
– 경운궁에서 덕수궁으로
이름을 바꿈

일제 강점기

1919

함녕전에서 고종이
세상을 떠남

1910

– 일제가 강제로 우리나라의
국권을 빼앗고 식민지로 삼음
– 석조전이 완공됨

1986

금천교를
복원함

2019

광명문을
제자리로 옮김

2023

– 대한문 앞
월대를 복원함
– 돈덕전이 새롭게
문을 엶

탐험! 경희궁 역사

조선 시대

1392 조선을 세움

1617
- 서별궁(경희궁)을 짓기 시작함
- 서별궁에서 경덕궁으로 이름을 바꿈

1620 경덕궁을 완공함

1829
큰 화재로 회상전, 융복전, 흥정당, 정시합, 집경당, 사현합 등이 불에 탐

1776
- 집경당에서 영조가 세상을 떠남
- 숭정문에서 정조가 즉위함

1831
경희궁을 고쳐 짓고 그 과정을 《서궐영건도감의궤》에 기록함

1834
- 회상전에서 순조가 세상을 떠남
- 숭정문에서 헌종이 즉위함

1944
일제가 전쟁에 대비해 회상전과 융복전 자리에 방공호를 만듦

1932
흥화문이 박문사로 옮겨 감

1928
흥정당, 회상전이 팔려 감

대한 민국

1988
흥화문을 현재 자리로 옮겨 복원함

1994
숭정전, 숭정문을 복원함

1624
인조가 경덕궁으로
거처를 옮김

1661
회상전에서
숙종이 태어남

1704
춘화정을
지음

1760
영조가 경덕궁의
이름을 경희궁으로 바꿈

1720
- 융복전에서 숙종이
  세상을 떠남
- 숭정문에서 경종이
  즉위함

1708
숙종이 왕암에
'서암'이라고
이름 붙임

**대한
제국**

1897
고종이 경운궁(덕수궁)에서
대한 제국을 선포함

1905
일본의 강요로
을사늑약을 맺음

**일제
강점기**

1926
숭정전이 일본의
사찰인 조계사로
팔려 감

1913
조선총독부중학교에서
경성중학교로 이름을 바꿈

1910
- 일제에 국권을 빼앗김
- 일제가 경희궁에
  조선총독부중학교를 세움

1996
자정전, 자정문을
복원함

2000
태령전을 복원함

2001
금천교를 복원함

2002
경희궁 공간을
시민들에게 공개함

참고 문헌

도서

▶ 구완회, 《우리 궁궐 이야기: 아이에게 알려주는 궁궐 안내판과 조선 역사》, 상상출판, 2022, 초판 2쇄

▶ 김동욱, 《서울의 다섯 궁궐과 그 앞길: 유교도시 한양의 행사 공간》, 집, 2017

▶ 김두경, 《궁궐을 그리다: 궐문에서 전각까지! 드로잉으로 느끼는 조선 궁궐 산책》, 이비락, 2019

▶ 김왕직, 《알기쉬운 한국건축 용어사전》, 동녘, 2023, 초판 24쇄

▶ 김현정 외, 《서울 역사 답사기 6: 종묘사직·궁궐·성균관》, 서울역사편찬원, 2022

▶ 박상진, 《궁궐의 고목나무: 동궐도, 옛 그림, 사진과 함께 보는》, 눌와, 2024

▶ 박상진, 《궁궐의 우리 나무》, 눌와, 2024, 개정 3판 2쇄

▶ 박영규, 《조선관청기행: 조선은 어떻게 왕조 500년을 운영하고 통치했을까》, 김영사, 2018

▶ 서울역사박물관, 《경희궁은 살아있다》, 서울역사박물관, 2015

▶ 서울역사박물관, 《신문로 2가: 궁터에서 시민의 공간으로》, 서울책방, 2021

▶ 설민석, 《설민석의 조선왕조실록: 대한민국이 선택한 역사 이야기》, 세계사, 2016

▶ 송용진, 《궁궐 1: 왕실의 역사를 거닐다》, 지식프레임, 2023, 초판 2쇄

▶ 송용진, 《궁궐 2: 조선의 왕을 만나다》, 지식프레임, 2022, 초판 2쇄

▶ 신병주, 《왕으로 산다는 것》, 매일경제신문사, 2020, 초판 10쇄

▶ 유홍준, 《나의 문화유산답사기 10: 서울편 2 유주학선 무주학불》, 창비, 2017, 초판 2쇄

▶ 이광호, 《궁궐의 현판과 주련 3: 덕수궁·경희궁·종묘·칠궁》, 수류산방, 2017, 초판 3쇄

▶ 이시우, 《궁궐 걷는 법: 왕궁을 내 집 뜰처럼 누리게 하는 산책자의 가이드》, 유유, 2021

▶ 이시우, 《재밌게 걷자! 경복궁》, 주니어RHK, 2024

▶ 이시우, 《재밌게 걷자! 창덕궁·창경궁》, 주니어RHK, 2024

▶ 이향우, 《궁궐로 떠나는 문양여행》, 인문산책, 2021

▶ 이향우, 《궁궐로 떠나는 힐링여행: 경희궁》, 인문산책, 2024

▶ 이향우, 《궁궐로 떠나는 힐링여행: 덕수궁》, 인문산책, 2023, 개정판 1쇄

▶ 주복식, 《덕수궁 이야기: 한자로 읽는 대한제국 현장》, 톱스타출판사, 2018

▶ 최동군, 《덕수궁, 경희궁 실록으로 읽다》, 담디, 2018

▶ 최동군, 《덕수궁·경희궁·행궁 현판으로 읽다》, 담디, 2020

▶ 한국역사인문교육원(미래학교),《궁궐과 왕릉, 600년 조선문화를 걷다》, 창해, 2021

▶ 허균,《궁궐 장식: 조선왕조의 이상과 위엄을 상징하다》, 돌베개, 2020, 초판 3쇄

▶ 허균,《한국 전통 건축 장식의 비밀》, 대원사, 2015, 초판 2쇄

▶ 홍순민,《홍순민의 한양읽기: 궁궐 상》, 눌와, 2017

▶ 홍순민,《홍순민의 한양읽기: 궁궐 하》, 눌와, 2018, 초판 2쇄

웹사이트

▶ 경복궁 홈페이지 royal.khs.go.kr/gbg

▶ 국가유산채널 k-heritage.tv

▶ 국가유산청 국가유산포털 heritage.go.kr

▶ 국가유산청 전자도서관 library.cha.go.kr

▶ 국립고궁박물관 gogung.go.kr

▶ 국립국어원 표준국어대사전 stdict.korean.go.kr

▶ 국립중앙박물관 museum.go.kr

▶ 국사편찬위원회 전자도서관 library.history.go.kr

▶ 국사편찬위원회 전자사료관 archive.history.go.kr

▶ 덕수궁 홈페이지 royal.khs.go.kr/dsg

▶ 조선왕조실록(국사편찬위원회) sillok.history.go.kr

▶ 창경궁 홈페이지 royal.khs.go.kr/cgg

▶ 창덕궁 홈페이지 royal.khs.go.kr/cdg

▶ 한국학자료통합플랫폼 kdp.aks.ac.kr

▶ e뮤지엄 emuseum.go.kr

사진 제공: 고려대학교박물관(108~109쪽 〈서궐도안〉)

이시우   대학에서 역사학을 전공했습니다. 졸업 후 우리 궁궐의 가치에 주목하여 문화유산교육전문가 자격을, 궁궐의 꽃과 나무를 공부하며 숲 해설가 자격을 얻었습니다. 이러한 지식과 경험을 바탕으로 궁궐을 산책하며 역사를 알아 가는 프로그램 '궁궐을 걷는 시간'을 매달 진행하고 있으며, 2024 궁중문화축전에서 궁궐 산책 프로그램 '아침 궁을 깨우다' 진행을 맡았습니다. 궁궐과 우리 문화유산을 좋아하는 이들을 위한 뉴스레터 '궁궐에서 온 편지'도 발행합니다. 쓴 책으로 〈어린이 궁궐 탐험대〉 시리즈, 《궁궐 걷는 법》이 있습니다.
인스타그램 @gungwalk

서평화   그림을 그리는 사람입니다. 가끔 귀엽고 웃음 나는 것도 만듭니다. 오랜 세월을 품고도 다정함과 근사함을 잃지 않은 것들을 참 좋아하며, 좋아하는 것들을 일상과 연결 지어 종이에 담아내고 있습니다. 《저는 종이인형입니다》를 쓰고 그렸으며, 〈어린이 궁궐 탐험대〉 시리즈, 《산다는 건 뭘까?》, 《바다 레시피》, 《넌 아름다워》, 《오늘부터 300일》, 《무리하지 않는 선에서》 등에 그림을 그렸습니다.
인스타그램 @peace.fulll

어린이 궁궐 탐험대

재밌게 걷자! 덕수궁·경희궁

초판 1쇄 인쇄 2024년 11월 25일   초판 1쇄 발행 2024년 12월 10일

글 이시우   그림 서평화
발행인 양원석   발행처 (주)알에이치코리아(등록 2004년 1월 15일 제2-3726호)
본부장 김문정   편집 박진희, 김하나, 정수연, 고한빈   디자인 김민
마케팅 안병배, 김연서   제작 문태일, 안성현
주소 서울시 금천구 가산디지털2로 53, 20층(한라시그마밸리)
편집 문의 02-6443-8921   도서 문의 02-6443-8800   홈페이지 rhk.co.kr
블로그 blog.naver.com/randomhouse1   포스트 post.naver.com/junior_rhk
인스타그램 @junior_rhk   페이스북 facebook.com/rhk.co.kr

ⓒ 이시우, 서평화 2024
이 책은 저작권법에 의해 보호받는 저작물이므로 무단 전재와 복제를 금합니다.

ISBN 978-89-255-7431-8 (74910)   978-89-255-2418-4 (세트)

※ 제조자명 (주)알에이치코리아 | 제조국명 대한민국 | 사용연령 8세 이상
※ 종이에 손이 베이거나 모서리에 다치지 않게 주의하세요.
※ 잘못 만들어진 책은 구입하신 곳에서 바꾸어 드립니다.
※ KC마크는 이 제품이 공통안전기준에 적합하였음을 의미합니다.